会说话的青铜器

徐日辉 著

华中科技大学出版社
http://www.hustp.com

中国·武汉

图书在版编目(CIP)数据

会说话的青铜器/徐日辉著. -- 武汉：华中科技大学出版社，2021.1
ISBN 978-7-5680-6792-8

Ⅰ. ①会… Ⅱ. ①徐… Ⅲ. ①青铜器（考古）-中国-通俗读物
Ⅳ. ① K876.41-49

中国版本图书馆 CIP 数据核字 (2020) 第 254565 号

会说话的青铜器　　　　　　　　　　　　　　　　　　　徐日辉　著
Huishuohua de Qingtongqi

策划编辑：吴素莲
责任编辑：吴素莲
封面设计：北京时间玫瑰文化传播有限公司
责任校对：李　琴
责任监印：朱　玢
出版发行：华中科技大学出版社（中国•武汉）　　　电话：(027) 81321913
　　　　　武汉市东湖新技术开发区华工科技园　　　邮编：430223
印　　刷：湖北新华印务有限公司
开　　本：710mm×1000mm　　1/16
印　　张：16.5
字　　数：250 千字
版　　次：2021 年 1 月第 1 版第 1 次印刷
定　　价：35.00 元

本书若有印装质量问题，请向出版社营销中心调换
全国免费服务热线：400-6679-118 竭诚为您服务
版权所有　侵权必究

题　记

　　一个民族的自豪感如果只是建立在现实狭隘的层面，无疑是浅薄的，关键是要有历史和文明的维度作为支撑。从这个意义上讲，一个国家、一个民族，如果没有客观的历史感同样是浅薄的。

　　触摸历史品位文物，作为直观与现实的比对，历史带给我们的不仅仅是过去，还预示着心中的未来。

　　人们抚摸历史、赞美历史，不是为了炫耀，而是为了从中汲取失败的教训，如同我们置身在灯塔里边，打开不同方向的窗户时，就会感受到不同的世界。

人们喜欢历史，是因为历史已带来知识和乐趣；
人们接受历史，是因为不自觉将自己置身其中；
人们敬畏历史，是因为历史有惊人的相同之处；
人们面对历史，是因为历史往往会预示着未来；
人们深入历史，是因为更明白活在当下的意义。

徐日辉

前　言

在灿烂辉煌的中华文明当中，青铜文化是先秦时期物质文明的重要载体和精神文明的最大亮点，其硕大无朋的器形，雄宏傲然的气质，丰富多彩的造型，神秘诡异的图案，繁缛超然的工艺，所代表的不仅仅是一段逝去的记忆，还是我们今天认识、解码和研究古代社会、文化、美学、艺术等文明的重要构成。

当人们在博物馆展厅里驻足观赏青铜器的时候，不只是寻求视觉的冲击和感官的刺激，而且应身临其境地感受、学习和体悟其文化、美学和艺术。由于大多数青铜器是殉葬品，并且有不少是与"殉人"埋葬在一起的，作为殉葬品我们不应该只看到青铜器的辉煌，更应该谴责以活人作为殉葬品的反人类的野蛮行径。殉人是奴隶社会（包括封建社会）最野蛮的制度之一，尤以商代为最，其中一次最多时殉人达580人以上，真正是灭绝人性惨绝人寰。我们赞美青铜器文化不是为了赶时髦，更多的是丰富人生的旅途，在有限的生命当中不断地探求新的世界，比对文明的差异，获取新的知识，弘扬优秀文化传统，提升生命的质量，升华人生品位。

智慧是人类特有的禀赋，在智慧火花的迸发点上，青铜器的发明无疑是佼佼者。青铜器是人类第一次利用金属合成技术，它丰富了人类的生活，加速了社会的发展，如同陶器的发明一样，它们都使人类向自由王国迈出了关键性的一大步。

青铜文化是中华民族的瑰宝，作为优秀传统文化的载体，青铜器承载着太多的历史和鲜为人知的背后故事。客观地说，从青铜器的发展看，中国虽然不是世界上最早使用青铜器的国家，却是世界上使用青铜器延续时间最长和制作工艺最发达的国家。从夏朝开始一直延续到唐朝，在长达两千多年的历史长河中，青铜器扮演着十分重要的角色。特别是商周时期到达了无与伦比的光辉顶点。在辉煌的青铜时代，从帝王到贵族近似于发狂的嗜好，结合重礼器轻实用的特点，造就了独具特色的青铜文化。

从数量上讲，作为看得见摸得着的青铜器物，目前中国现存青铜器的数量至少在百万件以上，仅流失在国外的青铜器就超过了万件。其中已出土的青铜器的数量与种类是全世界出土青铜器的总和。

从文化上讲，中国古代讲究金分五色，铜谓之赤金，青铜称之为吉金。青铜之所以称吉金者，是因为用青铜铸造的钟鼎彝器在古人眼里都是吉祥宝器，是传之万代的传家宝，尤其是祭祀中必不可少的吉器。例如1978年出土于河南淅川县楚墓中的王子午鼎，器内壁及底部有铭文十四行共八十四字。其铭文中有"唯正月初吉丁亥，王子午择其吉金，自作彝宝鼎"之句。吉金为祭器，体现着"国之大事，在祀与戎"的文化传统。作为身份和财富的象征，贵族们将青铜器奉为神器、吉器、祭器，供奉于庙堂，摆放在神案，用以告慰先祖、感谢上苍。

从造型上讲，有大家熟悉的鼎、鬲、甗、甑、釜、簋、簠、盨、豆、盂、敦、盉、锜、瓿、尊、卣、爵、角、觚、觯、壶、觥、斗、方、彝、盃、罍、罄、勺、鉴、匜、盘、匜、缶、钟、铙、刀、矛、剑、斧、戟等等，除此之外，还有大量的叫不上名的器物，一言蔽之，真可谓百姿千态、丰富多彩。

考证表明，不同青铜器有着不同功能，其文化内涵也大不相同。以大家熟悉的鼎为例，因其具有国家的象征而最为贵重。《史记·楚世家》记载："周定王使王孙满劳楚王。楚王问鼎小大轻重。"楚庄王想统一天下，有意询问周定王的使臣鼎有多大，简简单单的一句话，勃勃野心被暴露得一清二楚，遂有了问鼎天下的故事。鼎是国家、王权的象征，极其神圣，所以问鼎是不允许的。历史上黄帝在河南三门峡灵宝一带铸三鼎，象征天、地、人之间的和谐关系。大禹铸九鼎，则代表着夏王朝统治下的祖国九州大地。

正因为鼎在古代生活中的特殊地位，所以，自周朝以来，以鼎为核心，与簋、豆、鬲为配伍组合，成为礼仪制度的象征。何休注疏的《春秋公羊传·桓公二年》中称："礼祭：天子九鼎，诸侯七，卿大夫五，元士三也。"按照礼制的规定：天子使用的是九鼎八簋，诸侯是七鼎六簋，卿大夫是五鼎四簋，元士是三鼎二簋，更低级的元士是一鼎无簋。天子九鼎所享用的食物是：牛、羊、豕、（干）鱼、腊、肠胃、肤、鲜鱼、鲜腊，八簋主要是盛放五谷饭食等。另外，天子九鼎八簋还要配二十六豆，诸侯七鼎六簋配一十六豆，卿大夫配八豆，而下大夫配六豆……以此类推，不一而足。

礼制在古代中国甚至高出法制，在过往的近三千年间，违礼即违法，违法即违礼。甚至达到违法未必违礼，而违礼必定违法的程度。当然，从人类发展的历史上看，礼是规范社会行为的产物，彰显出人类社会的进步与文明，更是人类与其他动物的根本区别，礼的出现使人类社会从无序走向有序。历史的经验告诉我们，礼的核心是"治"，它作为法律之外的有效补充和中国古代治世的重要手段，将人的精神和行为严格地控制起来，成为一切社会行为的规范与准则。礼与法，一手硬一手软，彼此消长，相辅相成。

在封建社会和帝王时代，最大的政治就是把自然人分成不同的等级，并且想方设法地固定下来，使"贵贱有等"合理化，并延续下去传之后代。大凡帝王是第一等，最为尊贵，因为整个天下都是他个人的；其次便是皇亲国戚、公侯将相所属；最末一等便是老百姓。

金字塔的基础是人民大众，而最下层的也是人民大众，这正是"贵贱有等"的结构及其含义。从九鼎八簋九鬲到无鼎无簋的发现，充分证明了"王者以民人为天，而民人以食为天"（《史记·郦生陆贾列传》）的深刻内涵。

源远流长的青铜器，充分展示出中国人的睿智、勤劳和对生活的追求。其张开血盆大口的饕餮纹，幽深空行的龙纹，展翅欲飞的鸟纹，暴虐霸气的虎纹，吞噬生物的兽面纹，多子多孙的蟾蜍纹，陷入迷茫的涡纹等等，反映出人们对当时生活的理解，对明天发展的期盼，对现实世界的认识，对未知世界的向往。

礼器曾经是青铜器最显赫的身份象征，但随着礼制的土崩瓦解，青铜不得不放下高高在上的姿态，开始用精湛的工艺和突破想象力的唯美表现来取悦众人，所以在战国时期直至秦汉，青铜器经历了一段如同回光返照的繁华，此时虽是财富和地位的象征，但铁器和漆器还是后来居上了。到东汉末年，取材方便、造价低廉的陶瓷开始普及，它把日用青铜器皿从生活中排挤了出去，如同世界上不少文明和文化现象一样，中国青铜文明终于走向衰落。

青铜器是中华文明的见证，当你漫步在青铜文化的森林之中时，你便穿越历史时空体验到美的享受和优越自豪的民族感。

《会说话的青铜器》一书，共分为六章二十四节，分别是：

第一章，智慧火花：第一节，金为西方；第二节，中原福地；第三节，满天星斗；第四节，源远流长。

第二章，人神对话：第一节，龙的期盼；第二节，多子多福；第三节，通天彻地；第四节，长治久安。

第三章，国家象征：第一节，问鼎天下；第二节，王权祖先；第三节，吴钩寒月；第四节，彰显荣耀。

第四章，礼仪秩序：第一节，奇偶组合；第二节，斗转星移；第三节，黄钟大吕；第四节，楚音绕梁。

第五章，衣食住行：第一节，带钩连衣；第二节，饮食男女；第三节，安居乐业；第四节，车辚马萧。

第六章，异彩纷呈：第一节，百花齐放；第二节，时代脚步；第三节，记忆犹新；第四节，恩泽后代。

《会说话的青铜器》，之所以会说话，是因为它有故事。如同人生，也是一段故事，有精彩有华章，也有低落颓废。有的故事凝结成文字流传千古，供人们景仰，而绝大多数随着岁月的流逝烟消云散。

青铜称其为金，贵重可想而知。作为统治者是优先用于发展生产，还是先满足部分人奢靡生活的需要，既是个人世界观问题，更是道德人性的散发。遗憾的是：在被儒家赞誉有加的夏、商、周三代并不重视使用青铜去发展社会生产力，大量精美的青铜礼器、酒器等生活器物发现，正是无可辩驳的历史见证。《会说话的青铜器》从社会发展的大势通过一件件青铜器表述与之相关的方方面面，从鲜为人知的故事中告诉世人，任人评说。

本书是本人长期在大学第一线讲授传统文化过程中有关通识教育的一部分内容，细分为六大板块，线条清晰明确，各具特色，既独立成章，又合为一体。主要服务于大学生、部分专业人员及社会广大文史、考古、鉴赏等爱好者，亦可作为中学增加知识点的教材使用。

青铜文化内涵丰富，载负沉重，经过两千多年的选择与积淀，为我们今天了解和复原古代社会场景提供了不可多得的实物资料，为研究和弘扬中华文明奠定了必不可少的物质基础。

然而，世界上没有一成不变的东西，文化是人文化，是一个文化与发展的时空。青铜文化只是社会的一种现象或者说是一个过程，尽管璀璨夺目，尽管独树一帜，但有辉煌也有衰落，任何传统的东西躲不过历史对它的扬弃、补充和丰富，必然会随着时代的发展、社会的变化而变化，是不以人们的意志为转移的，青铜器的发展、演变和衰落就是最好的见证。

我们学习青铜文化、体验历史文明不是为了追赶时髦，而是在学习的经历中不断地探求新的世界，获取新的知识，体悟其中的乐趣。享受过程，重在参与；品味过程，如同人生。

《会说话的青铜器》是一部多年教学实践与科学研究相结合的学术著作，本书博学多闻，内容涉及中外，材料翔实可查，观点明确，图文并茂，颇具时代气息，尤其是语言精妙，新见迭出，颇具启迪，是为奉献。

徐日辉谨记

2019 年 12 月 12 日

目录

第一章 智慧火花

第一节　金为西方·002
　一、吉金青铜·002
　二、源出西方·005
　三、五行之金·007

第二节　中原福地·009
　一、尧帝齿轮·009
　二、夏都奇珍·011
　三、爵斝成礼·013

第三节　满天星斗·016
　一、神秘东北·016
　二、雄起华北·018
　三、精美华东·021
　四、奇葩华中·026
　五、多彩华南·028
　六、奇异西南·031
　七、雄浑西北·033

第四节　源远流长·035
　　一、青铜文明·036
　　二、盛极而衰·039
　　三、警钟长鸣·042

第二章　人神对话

第一节　龙的期盼·045
　　一、来自远古的基因·045
　　二、农业民族的期盼·048
　　三、帝王时代的专利·051
第二节　多子多福·055
　　一、盉流的寓意·055
　　二、回归乳丁纹·058
　　三、作宝的子孙·059
第三节　通天彻地·061
　　一、祈求福祉·061
　　二、富贵人间·063
　　三、美梦永远·066
第四节　长治久安·069
　　一、纹饰饕餮·070
　　二、上训下白·072
　　三、德主刑辅·074

第三章 国家象征

第一节　问鼎天下·078
　　一、猜想铸鼎塬·078
　　二、九鼎与九州·080
　　三、周人的实践·083
第二节　王权祖先·085
　　一、武丁传奇·086
　　二、巾帼英雄·088
　　三、慎终追远·090
第三节　吴钩寒月·093
　　一、魔鬼驱动·094
　　二、卧薪尝胆·098
　　三、金戈铁马·102
第四节　彰显荣耀·106
　　一、家族辉煌·106
　　二、美的缺憾·109
　　三、破镜重圆·112

第四章 礼仪秩序

第一节　奇偶组合·116
　　一、数的迷宫·116
　　二、鼎簋豆禺·120
　　三、礼崩乐坏·124
第二节　斗转星移·128
　　一、权柄千年·128

二、情爱悠悠·135
　　三、过眼烟云·137
第三节　黄钟大吕·139
　　一、靡靡郑音·140
　　二、金铃和镈·143
　　三、鼓乐喧天·146
第四节　楚音绕梁·150
　　一、瑰丽的楚文化·150
　　二、曾侯乙的世界·151
　　三、钲铙句鑃錞于铎·154

第五章　衣食住行

第一节　带钩连衣·161
　　一、生活小件·161
　　二、心灵构思·164
　　三、光明天使·167
第二节　饮食男女·171
　　一、羹羊珍馐·172
　　二、分餐盒食·175
　　三、醉生梦死·177
第三节　安居乐业·184
　　一、凝固的音乐·184
　　二、两吴王铸鉴·187
　　三、往复的岁月·191
第四节　车辚马萧·195
　　一、铜车辚辚·195
　　二、战马萧萧·198
　　三、三十一毂·201

第六章 异彩纷呈

第一节　百花齐放 · 206
　　一、仰望星空 · 206
　　二、脚踏实地 · 208
　　三、心想事成 · 212
第二节　时代脚步 · 215
　　一、方中规圆 · 215
　　二、删繁就简 · 218
　　三、推陈出新 · 223
第三节　记忆犹新 · 226
　　一、财富与人性 · 226
　　二、旅行的诱惑 · 229
　　三、象獏的启示 · 232
第四节　恩泽后代 · 237
　　一、眼花缭乱的造型 · 237
　　二、奇思妙想的工艺 · 240
　　三、不可复制的辉煌 · 243

后记 · 248

第一章
智慧火花

  智慧是人类特有的禀赋,在智慧火花的迸发点上,青铜器的发明无疑是佼佼者。青铜器是人类第一次利用金属合成技术,它丰富了人类的生活,加速了社会的发展,使人类向自由王国迈出了关键性的一大步。

  青铜器作为先民们文化活动的结晶,正是人文化的杰出表现。德国著名哲学家恩斯特·卡西尔在其著《人论》中指出:"人只有在创造文化的活动中才成为真正意义上的人,也只有在文化活动中,人才能获得真正的自由。"所以,我们将其提升到文化的维度。

  青铜器发现的进步意义,远远超过了青铜器的本身,已经成为我们今天探讨中华文明起源的重要因素之一。因为中国一些学者就把有城市、有宗教中心、有青铜器、有5000人以上的人口等等,列入文明的标准。所以,一般认为中国的文明社会起始于夏代。

  源远流长的青铜器,充分展示出中国人的睿智、勤劳和对生活的追求与向往。从张开血盆大口的饕餮纹,幽深空行的龙纹,展翅欲飞的鸟纹,暴虐霸气的虎纹,吞噬生物的兽面纹,多子多孙的蟾蜍纹,陷入迷茫的涡纹等等中,反映出人们对当时生活的理解,对明天生活的期盼,对现实世界的认识,对未知世界的向往。

  青铜器是中华文明的见证,当你穿越历史,漫步在青铜文化的森林之中时,你不仅没有阴森的畏惧,而是穿越时空享受美的体验,感悟优越的民族自豪感。

第一节　金为西方

在灿烂辉煌的中华文明当中，青铜文化是先秦时期最大的亮点，特别是青铜器鼎盛时期的商代后期到秦末汉初之间的1000多年，其硕大无朋的器形，雄宏傲然的气质，丰富多彩的造型，神秘诡异的图案，繁缛超然的工艺，所代表的不仅仅是一段逝去的记忆，还有鲜为人知的背后故事，以及我们今天认识、了解和研究古代历史、文化、美学、艺术等文明的重要构成。

一、吉金青铜

人类对铜的使用，最早是自然铜，然后才是合金铜。青铜是铜加锡的合金，是人工冶炼出来的合金铜，具有硬度大、熔点低的优点，广泛应用于社会的生产生活当中。

青铜文化是人类发展进程中的重要阶段，在古老的世界文明发达的地区，如两河流域、尼罗河流域、印度河流域、爱琴海文明等无一例外都经历过这一阶段，而且上述地区使用青铜器的时间都要早于中国，特别是伊朗南部、土耳其、两河流域一带，大约在距今7000年就开始使用青铜器，其中在今土耳其境内的安列托尼亚半岛发现的青铜器距今约8000年。

从青铜器的发展看，中国不是世界上最早使用青铜器的国家，但中国是世界上唯一一个独立起源而没有中断的国家。

中国的青铜器和青铜文化是世界上最发达和最具特色的，从时间上讲，由夏朝开始一直延续到唐朝，长达 2000 多年，在世界范围内堪称独一无二。

从数量上讲，作为看得见摸得着的青铜器物，目前中国现存青铜器的数量超过了百万件之巨，仅流失在国外的青铜器就超过了万件。其中已出土的青铜器数量与种类是全世界出土青铜器的总和，其现存数量之大，令世人惊叹不已。

从造型上讲，除了大家熟悉的鼎、鬲、甗、甑、釜、簋、簠、盨、豆、盂、敦、笾、锜、瓿、尊、卣、爵、角、觚、觯、壶、觥、斗、方、彝、盉、罍、罋、勺、鉴、匜、盘、缶、钟、镈、铙、钲、鼓、刀、矛、剑、斧、钺、戟、铲、镰、锥、镜、带钩、耒、衔、轭、锤、斗、尺、量、权等等，还有一些至今还叫不上名称的器物，一言蔽之，真可谓百姿千态、丰富多彩。

从文化上讲，中国古代讲究金分五色，铜谓之赤金，青铜称之为吉金。金在古代中国有着多种多样的内涵，既是黄金本身，同时也是金属、青铜、货币、价值以及兵器等。例如《左传·宣公三年》记载："昔夏之方有德也，远方图物，贡金九牧，铸鼎象物。"司马迁在《史记·封禅书》中记载："禹收九牧之金，铸九鼎。"这里的"金"，其实也就是铜，而不是黄金。九牧，指的是不同地区，如九州等。由此可见，夏禹时期确实是将青铜作为生产生活之需。还有《汉书·食货志》记载汉武帝曾经在公元前 119 年一次就给大将军卫青"赏赐五十万金"，此处的"金"便是铜，而不是真正的黄金。

另外，《史记·陈丞相世家》记载："汉王以为然，乃出黄金四万斤，与陈平，恣所为，不问其出入。"意思是说刘邦给了陈平 4 万斤黄金，作为他进行间谍活动的经费。

汉初的 1 斤相当于今天的 258.24 克，相当于 0.5165 市斤，4 万斤等于 10329.6 千克。当然，陈平不可能拉着这么多的黄金满世界去活动，显然是相当于 4 万斤黄金价值的财物。

汉朝的黄金 1 斤等于 1 万钱，而 50 钱可以购买 170 千克大米，也就是说汉朝的 1 斤黄金可以购买 3.4 万千克大米，6.8 万市斤。如果按照大人小孩平均每月 60 斤、年 720 斤大米计算，1 斤黄金可以让 94 个人吃一年。而 4 万斤黄金折换成米，足足可以解决376万人一年的口粮。显而易见，陈平的4万斤黄金，大概也是以青铜来比价的，包括各种各样的珠宝珍玩等值钱的宝贝在内。

夏、商、周三代常以青铜称金，这在青铜器物的铭文当中多有记载。如陕西省扶风县出土的"鲜钟"铭文有"王赐鲜吉金"之句。陕西省临潼区出土的利簋其铭文有"辛未，王在阑师，赐有事利金，作檀公宝尊彝"之句。1978年出土于河南淅川县楚墓中的王子午鼎（见图1-1-1），器内壁及底部有铭文14行共84字。其铭文有"唯正月初吉丁亥，王子午择其吉金，自作彝宝鼎"之句。利簋铭文中的金、鲜钟与王子午鼎中的吉金等等不胜枚举。作为金属成分，《周礼·考工记》记载："六分其金而锡居一，谓之钟鼎。"此处的"金"，所指都是青铜，是铸造器物本身使用的青铜。

图1-1-1 王子午鼎（河南省淅川县楚墓出土）

青铜之所以称吉金者，除了青铜自身的价值之外，还因为铸造每一件器物都涉及等级森严大小贵族阶层，包括重要的政治行为，有些甚至达到了最高的国家层面，如铸造司母戊鼎、司母辛鼎等就是商王室极为重视的国家行为。正因为如此，所以青铜铸造的钟鼎彝器在古人眼里自然而然地成为吉祥宝器，是传之万代的传家宝，因此"作宝"、"子子孙孙永宝用"等成为青铜器中最常见铭文。作为祭祀必不可少的青铜吉器，一直延续到清朝，有不少学者在著录古代器物的书籍中，常常冠以"吉金录"以示内涵，如著名学者罗振玉的《三代吉金文存》，堪称佼佼者。

吉金为祭器，体现着"国之大事，在祀与戎"的文化传统，古人将国家大事中列祭祀为第一位的头等大事，旨在对先祖的崇敬。慎终追远是中华民族的传统美德，理所当然地被排在了战争的前面。青铜器是身份和财富的象征，贵族们想方设法不惜一切打造自己的光圈，或者作为感恩，或者作为荣誉，或者作为资本，奉为神器、吉器、祭器，供奉于庙堂，摆放在神案，用以告慰先祖、感谢上苍。

青铜器在2000多年的历史长河中，尤其在政治生活中扮演着十分重要的角色，所以从商周到秦汉曾经有过一个辉煌的青铜时代，而且近乎疯狂，从帝王到贵族似乎人人都有偏爱青铜器的嗜好，其重礼器轻实用，尤其是轻生产工具的特点，上行下效，推波助澜，极大地促进了青铜文化的大发展。

二、源出西方

学者们在探讨中华文明起源时，往往将青铜器作为衡量文明的标准之一。独立起源的中国的青铜器究竟发源于何处？距今有多少年？一直是人们所关心的问题。司马迁的《史记·封禅书》中说："黄帝作宝鼎三，象天、地、人。"认为中国的青铜应该起源于黄帝时期。

黄帝，按照考古学界的区分属于史前时期。生活中人们常常会听到史前时期、历史时期、旧石器时代、新石器时代等专业术语，事实上大多数人都不明白其中的原因。所谓史前，是英国学者丹尼尔·威尔逊发明的。他在1851年的《苏格兰考古及史前学年鉴》中首先使用了"史前"（prehistory）一词。一般认为"史前时期"，指人类社会的文字产生以前的历史时期，而"历史时期"则是指有文字记载以来的时期，二者的界线在于文字的发明。由于中国的文字出现比较晚，所以有人认为中国史前下限在距今4000年前的夏朝。

另外，今天科学对有关人类历史的时间进行了划分，其中考古学界将历史划分为旧石器时代和新石器时代。旧石器时代：大体从距今300万年开始，到距今1.2万~1万年之间结束；新石器时代：从距今1.2万年开始到距今4000年结束。

考古发现，中国青铜文化形成于距今5000年左右的西北甘肃省（《甘肃省冶金工业志》第2页），属于黄帝时期。中国的西北地区，也就是古人所说的西方。西方，在古代中国泛指陇山以西，即今天甘肃省、宁夏回族自治区、青海省和新疆维吾尔自治区（简称甘、宁、青、新）等广大地区。从单纯的地理概念而言，甘、宁、青、新位于中国的中部及西部地区，确切范围在东经73°40′~108°40′，北纬31°~47°10′之间。现在之所以称作西北、大西北或小西北者，是因为中国长期以政治中心为坐标区分东西，也就是以当时王城为中心。大家只要翻开中国地图，一眼就可以看出是政治概念，而不是地理概念。尽管是对地理科学的玩笑，但人们已经习惯于此，所以本书也未能脱俗。

1978年在甘肃省东乡县林家出土了中国第一把青铜刀（见图1-1-2），年代距今在4755年之前。研究表明，"甘肃东乡林家马家窑文化遗址出土的含锡6%~10%的青铜刀是我国发现最早的一件青铜器。它的年代公元前2740年，与世界范围内最早出现青铜的时代相当"[①]。另外，在青海省同德县宗日遗址也出土了距今5000年前的铜刀。

图1-1-2 青铜铸刀（甘肃省东乡县林家出土）

值得关注的是甘肃省发现的这把青铜刀不是打制的，而是用模范铸造的，充分表明西北地区的青铜冶炼与世界的发展大体是同步并行，并且在商代以前

[①] 孙淑云、韩汝玢：《甘肃早期铜器的发现与冶炼、制造技术的研究》，载《文物》1997年7期。

发现的铜器当中，甘肃省占了总数的 80% 以上，在中国冶金发展史和中华文明起源中有着重要的意义。

从考古学上讲，马家窑文化是 1923 年由瑞典学者安特生首次发现于甘肃省临洮县马家窑村而得名，亦称甘肃的仰韶文化。马家窑文化的年代，大约在距今 5800~4000 年之间，前后延续约 1800 年。马家窑文化是西北地区特有的一种文化，覆盖整个黄河上游的甘肃省、青海省，以及宁夏回族自治区等广大地区。

对于灿烂辉煌的中国青铜器与青铜文化，学者们讨论的焦点是源自于西亚还是起源于中原。事实上，中国的青铜器就产生于中国本土，发源于距今 5000 年前的西北地区，有力地印证了中华文明 5000 年的传统说法。

三、五行之金

金、木、水、火、土中国人最熟悉五种元素，体现着中国人对自然世界的认识，被称为五行。五行在光辉灿烂的中华文化元素中可谓独树一帜，五行与八卦配伍大体上构成了古代中国人的思维定式，并且一直延续到今天。

五行，最早见于《尚书·洪范篇》，当时的排序是："五行：一曰水，二曰火，三曰木，四曰金，五曰土。"今天的传统排序则是金、木、水、火、土。五行讲的是五种最基本的物质，是生产生活的总结。五行各有属性，用眼睛看，则呈现出"水曰润下，火曰炎上，木曰曲直，金曰从革，土曰稼穑"的客观现象；用鼻舌试，则有"润下作咸，炎上作苦，曲直作酸，从革作辛，稼穑作甘"的感受。

水，生命之源，是人类迄今所必须依赖的基本物质。《管子·水地》说："水者何也？万物之本原也，诸生之宗室也，美恶、贤不肖、愚俊之所产也。"作为大自然的恩赐，水是甘露，可以润泽万物，是万物之源。

火，人类关键性的发明。有了火，人类开始食用熟食，取暖御寒，才真正摆脱了茹毛饮血的蒙昧时代，跨入了文明社会。但是，火在烧烤食物的过程中，烧焦时会发出一种浓烈的苦味，是为"炎上作苦"。

木，有曲有直，而且可以人为地让其曲直，是最先服务于人类生产生活的物质，既可充当武器、生产工具，又可作为建筑以及煮熟食物和取暖的材料。尤其是先民们在进入定居的农耕时代之后，木材和石头是最先被开发利用的资源，其年代最早和最常用的就是农业生产工具木耒、木耜。从考古发现看，木耒、木耜是挖土、耕作的主要工具，在我国至少已有7000年以上的历史。

土，大地之母，失去了土地，也就没有了一切。所以土地养育着生灵万物，人类依靠土地而生存。尤其是土地里生长的庄稼是甘甜的，除了能维持人的生命之外，它也是人类辛勤劳动的结晶。

金，在古代被看作是金属的总称，首先是指铜而言。最初用于生活，其次用于武器，最后才用于改造生产工具。铜在冶炼及配料（如青铜）时，会释放出一种刺鼻酸辣的"辛"气味。

如果我们把五行放到社会发展的大环境中去考察，从原始的生产生活中去探求，相生（相胜）：水生木，木生火，火生土，土生金，金生水；相克：水克火，火克金，金克木，木克土，土克水，实际上都是日常生活的基本反映。没有水就不会有树木；没有树木就不可能生火取暖；没有火烧草木，就不会有肥沃的土地；没有土地，金属也就无从出处；只有金属才能熔化为液体，呈现出水一样的状态。同样，在生产生活中，水以救火，火以锻金，金以斫木，木以耕田，土以堵水。

源远流长的五行学说与西北的青铜器之所以密不可分，就在于"金"作为金属，可以加工生产和生活资料，而且是以西方最早出现的青铜器为代表，所以金代表着西方。《说文解字》说："金，西方之行。"汉朝的《白虎通》亦称"金在西方"。

五行当中西方主秋，秋天，亦称金秋，是庄稼成熟的季节。所以司马迁在《史记·六国年表序》中说："东方物所始生，西方物之成熟。"《汉书·五行志》也说"金，西方，万物既成"，而流传千古的李绅名句"春种一粒粟，秋收万颗子"，表现的正是秋天丰收的大好时节。丰收，顾名思义就是要把地里长成熟的庄稼收回来，因此《鹖冠子·泰鸿篇》称"以金割物"，正是用金属工具收割庄稼，也就是今天大家熟知的秋收。在铁器出现之前，青铜器是先进的收割工具。

因此，"金"不单单是金属的一种，而且关系到国计民生与社会发展，正因为如此，西方之"金"的意义不仅仅在于科学技术方面，重要的是文化方面的认识，尤其对中国哲学上阴阳五行学说的形成有着极为重要的影响。

第二节　中原福地

中原是一个泛指概念，从考古学与文明发展的角度定位，大体以今天陕西省的关中地区、山西省的南部和河南省西部为中心。中原地区历史悠久、文化绵长，从尧都陶寺（今山西省临汾市襄汾县）开始到禹都阳城（今河南省登封市王城岗）以及名扬中外的殷墟（今河南省安阳市）、偃师、洛阳、长安（今陕西省西安市）等，长时期都是帝王居住地，因而产生了顶层祭祀用品、礼品、生活重器、日常玩物等等青铜器，首开青铜器发展之先河，其器物之精美，纹饰之繁杂，气场之厚重，是为一绝，毫无疑问成为中国青铜文化鼎盛时期的代表。

一、尧帝齿轮

山西省是中华文明的发祥地之一，其中又以距今 15 万 ~10 万年前的丁村人为代表。作为晋国的所在地，古代的汾水流域相当富饶，历年来出土的青铜器不仅数量众多，而且器形精美特色鲜明，成为中国为数不多的青铜之乡。在山西出土的青铜器当中，有一件似乎是穿越时空而来的青铜齿轮格外引人注目（见图 1-2-1）。

图 1-2-1 青铜齿轮（山西省临汾市襄汾县陶寺遗址出土）

  青铜齿轮是一件采用范铸工艺完成的产品，出土于山西省临汾市襄汾县的陶寺遗址，距今已有 4300~4100 年的历史，震惊了国内外。

  山西省临汾市的襄汾县已确认为中国上古时期的唐尧帝都所在地，考古发现陶寺遗址正是当时的都城，有两座用土夯筑起来的城墙，总面积达到 280 万平方米。作为经过精心规划和尽力建设的都城，由王宫、行政办公区、外郭城、下层贵族居住区、手工作坊区、庶民居住区等构成，功能相当完备。

  陶寺遗址发现了中国最早的测日影天文观测系统；1984 年在一陶壶残片上发现早于殷墟甲骨文七八百年的两个朱书文字，其中一个是准确的"文"字，以表达赞美之义，成为中国文字之最；还发现了中国最古老的乐器铜铃以及中原地区最早的以彩绘龙陶盘为代表的龙图腾等等，已经成为中国早期国家文明的象征。

  距今 4300 年前山西陶寺青铜器齿轮的发现，使中国人大开眼界。齿轮是机械设备的传动元件，由于齿轮有像牙齿一样的轮齿，配对齿轮上轮齿相互接触，所以能够导致齿轮的连续啮合运转传递动力。齿轮的发明和使用，使人们从繁重的人力和畜力当中解脱出来，极大地提高了社会生产力。

  世界上据说最早提出用青铜铸造齿轮的是距今 2300 年前的古希腊哲学家

亚里士多德，他在《机械问题》一书中曾经阐述用青铜或者铁来铸造齿轮，解决机器的旋转和运动问题，而真正使用齿轮则是在现代工业革命之后。

中国青铜齿轮要早于古希腊约2000年，简直就是一个世界奇迹。由于陶寺的青铜齿轮出现的时间太早了，以至于今天的人无法知晓它的用途。为什么名不见经传的陶寺竟然会出现世界级的奇迹，当年尧都里的人是如何使用齿轮的，他们究竟用它干什么？虽然没有人能说得清楚，但不影响其历史价值的存在。尧都的青铜齿轮给人们留下很多的遐想空间，除外星人以外，答案只在你的心中。

二、夏都奇珍

夏朝是中国第一个王朝，距今在4070~3600年之间，前期以今天的河南嵩山文化圈为政治中心。大禹当时的政治中心，正是以嵩山为代表的中原地区①。司马迁在《史记·货殖列传》中所说的"天下之中"正位于此，"中原地区在中国历史上之所以重要，一个重要原因就是它在地理位置上占全国的中心，从文化内涵上能吸收和容纳周围甚至边远地区的文化因素"②。

历史上夏有两处都城，依据文献记载和考古发现得知，第一处在河南省登封市告成镇西约1公里处的王城岗一带（见图1-2-2），称之为阳城；另外一处在河南省偃师市的二里头村（距今约3850~3550年），总面积约4平方公里。有中国最早的宫殿建筑群、最早的青铜礼器群及青铜冶铸作坊和绿松石作坊等，号称"华夏第一王都"（见图1-2-3）。

二里头遗址是1959年夏中国科学院考古研究所徐旭生先生调查发现的。1960年11月在徐旭生调查的基础上派殷玮璋先生为领队，开始对二里头遗址进行大规模的发掘。当年的12月就有了重大发现，从此揭开了夏文化的新篇章。

2012年5月，本人专门邀请考古学家殷玮璋先生来浙江工商大学讲学。

---

① 徐日辉：《嵩山文化圈与大禹故地略论》，载《登封与大禹文化》，大象出版社2016年版。
② 李学勤：《河洛文化与殷商文明·序》，河南人民出版社2007年版。

殷先生讲，当时发现宫殿的遗址之后，兴奋之余感到责任重大，为了慎重起见，没有继续发掘，而是立即回北京向所里汇报。当时正是"大跃进"时期，殷先生的做法引起了考古所一些人的不满，有了所谓右倾保守的说法，险些被打成了右派。幸好当时的考古所所长夏鼐先生在关键时刻支持了殷先生的想法，才有了后来的一切。

图1-2-2 河南省登封市告成镇西王城岗遗址

二里头遗址作为夏文化的代表，在为数不多的出土青铜器当中，可圈可点的当以镶嵌绿松石的十字纹方钺和兽面青铜牌饰以及饮酒器中的爵、斝等为代表。

上海博物馆收藏有一件夏朝的青铜方钺，钺长35.6厘米，刃宽33.2厘米，厚0.9厘米，接近于方形。该钺的中心部位有一个规整的圆孔，围绕着中心孔分布着排列整齐的十字花纹，花纹由绿松石镶嵌，被命名为"镶嵌十字纹方钺"（见图1-2-4）。该方钺两面都镶嵌着相同的十字纹，其造型是每三个十字为一组，构成一个三角形，一共六组三角形十字纹向着圆心排列，规范大气精致，体现出王者气魄，

图1-2-3 河南省偃师市二里头村

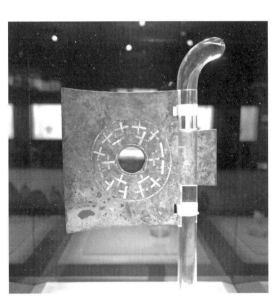

图1-2-4 镶嵌十字纹方钺（上海博物馆藏）

足以令观者敬畏三分。

钺是由斧演变而来，斧最早是生产工具，已有万年以上的历史。钺的造型虽然与斧相近，但是功能与斧相差甚远。斧既是生产工具同时也是作战兵器，而钺的功能除了刑具之外，更多是作为礼器、仪仗而出现，主要是突显持钺人的身份和地位。公元前1046年1月20日周武王率领周兵及庸、蜀、羌、髳、微、卢、彭、濮八国军队，在牧野宣誓与殷军展开决战。经过一天一夜的殊死战斗，终于推翻了天怒人怨的商朝。在战争过程中周武王就使用了钺，《尚书·牧誓》记载"王左杖黄钺，右秉白旄以麾"。黄钺，青铜铸造的大钺，白旄，牦牛尾。表述的场面正是周武王左手拿着黄钺，右手挥舞着牦牛尾在牧野之战中指挥军队战胜殷纣的场面，而镶嵌十字纹青铜方钺的发现，则为周武王克商做了最好的诠释。

三、爵斝成礼

爵与斝是中国最古老的饮酒器，同时又是代表身份的礼器。礼的核心是治，礼制正是以礼为核心的政治制度。礼制事关国家之兴衰，是天子意志、国家意志的表现。作为法律之外的有效补充，礼既是一切社会行为的规定动作与准则，同样也是整个社会稳定运作的保护机制[①]。所以我们看到在古代中国违礼即违法，违法即违礼，甚至达到违法未必违礼，而违礼必定违法的程度。一个家族的族长就可以处死自由恋爱的女子，可以处死一

---

① 徐日辉：《论司马迁笔下的礼乐制度》，载《学术月刊》2000年6期。

位所谓不遵守妇道向往再嫁的寡妇等等,所依据的正是传统文化中的礼制,而不是法制。

从人类发展的历史看,礼是规范社会行为的产物,在中国起源很早,至少在新石器时代部分就已经形成,最初礼表现在人类的祭祀行为中,后来演变为一种组织程序的行为规范,而作为实物印证,则是从夏朝开始的。

考古发现,夏王朝时期的青铜属于贵金属和奢侈品的范围,非普通老百姓所能拥有。出人意料的是夏朝出土最多的青铜器物不是生产工具却是生活用品,而且是贵族们使用的饮食器具,证明上层社会对其资源所具有的垄断性,其中引人注目的正是鼎、爵、斝等成套礼器群的有机组合。

鼎、爵、斝等成套青铜器具在夏王朝的发现,引起了人们对中国传统礼制的思考。如收藏于中国国家博物馆的夏朝青铜爵(见图1-2-5、图1-2-6),就出土于河南省的二里头遗址。多件精美青铜爵的发现,引起人们深刻的思考,有学者就认为:"夏代铜爵是中国青铜酒礼器之源。"[①] 随着考古资料的丰富,此观点得到了证实。

图1-2-5 青铜爵一
(河南省偃师市二里头出土)

图1-2-6 青铜爵二
(河南省偃师市二里头出土)

---

① 高西省:《夏代铜爵:中国青铜酒礼器之源》,载《寻根》2006年2期。

从使用功能上讲,鼎、爵、斝都与日常的饮食生活息息相关,化学分析表明,二里头青铜爵含铜92%,含锡7%。

吃是人类生存的基本条件,有意义的是,在中国,"吃"不单单是自然人的口腹行为,还内涵着丰富的文化因素和政治内容,并深受所处时代的政治、经济、文化等诸多因素的影响,被赋予了浓烈的思想意识和精神寄托,在事关国家兴衰的同时,又与礼制密切相关。夏朝鼎、爵、斝等成套礼器的发现充分证明了这一点。

爵和斝的功能就是喝酒使用的器具。爵是饮酒器,功能单一,在夏朝出土的青铜器当中数量最多,说明夏人好酒的历史记载的确真实可靠。

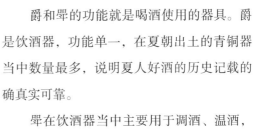

斝在饮酒器当中主要用于调酒、温酒,或者在祭祀时当作灌酒器使用。以郑州博物馆收藏的夏朝菱形纹斝为例(见图1-2-7),该斝为青铜铸造,三足、敞口、鼓腹,原来有两柱,现已残,有一鋬。斝是重要的礼器,在商朝初期,曾经作为王御定的杯子,而诸侯则只能使用角。爵、斝与鼎组成了中国最初的礼器群,遂成为后世近4000年帝王时代礼制之滥觞。

图1-2-7 菱形纹斝(郑州博物馆藏)

在生产力低下的年代,大量的生产工具还是石器,大多数人还处在吃不饱肚了的状态,统治者不是将数量有限的青铜材料用于发展生产来提高生产力,而用于消费,用于满足极少数人的享乐,用于权贵们的奢侈生活。通过酒器与饮食器组合,以活生生的礼制物证,凸显出人在社会中地位和身份,彻底脱离了相对平等的原始时代。

夏王朝是我国第一个王朝,在政治制度上已经由民主推选的禅让制转变为家天下，并且采用严厉的专政手段管理国家，司马迁记载："皋陶于是敬禹之德，令民皆则禹。不如言，刑从之。"（《史记·夏本纪》）就是说在两种制度转型交替的历史阶段，在大禹建立夏朝的前夕，曾经使用刑罚来确立大禹的权威。考证表明，当时已经有执掌墨（黥）、劓（乂）割鼻子、刖（砍断脚）、宫（阉割）、大辟（死刑）五刑的官员。史称"夏有乱政，而作禹刑"（《左传·昭公六年》），采取法律的高压手段，以维持国家机器的运转。与此同时，夏朝在大禹时期更多是实施以德治国的理念，采用"仁德"和礼制管理国家。

第三节　满天星斗

中国地域辽阔、文化绵长，在青铜文化发展的漫长历史过程中，从时间上讲虽然有先有后，但从地域上讲却不分东南西北，无论是东北区、华北区、华东区、华中区、华北区、西南区、西北区还是港澳台地区，如同满天星斗一样争奇斗艳不分伯仲。这样的行政架构，用于表述中国青铜文化的发展同样有着积极的意义。不过，文化的表现不同于行政区划，相互之间关系密切，错综复杂，难以割裂，就像天上闪闪发光的群星，小则分为星座，大则合为苍穹。因此本节仅以七大行政区划为参考框架，但并不完全限定于此，也不可能面面俱到，只能提纲挈领撷取精华。

一、神秘东北

东北区习惯上指黑龙江、吉林和辽宁三省，从青铜文化上讲又与北方地区的内蒙古自治区赤峰市等地共为一体，构成了著名的北方青铜文化。例如1955年在辽宁省的朝阳市喀左县出土了一件西周早期的青铜盂，因盂的壁内铸有"匽侯作馈盂"而命名为"匽侯盂"（见图1-3-1）。盂高24.3厘米，口径33.8厘米，侈口，圈足，足径23.3厘米，饰有夔凤纹，现藏于中国国家博物馆。

图 1-3-1　匽侯盂（辽宁省朝阳市喀左县出土）

图 1-3-2　青铜鼎（内蒙古自治区赤峰市翁牛特旗头牌子出土）

匽即燕，匽侯是燕国的君主，燕是西周初年周武王灭纣之后所封姬奭的诸侯国，称之为燕召公。"匽侯盂"大概是周成王（公元前1042~前1021年）时所铸造。盂是大型的盛饭器，兼盛水盛冰，青铜盂的使用往往是为了显示主人的尊贵。燕国的政治中心在今天北京的房山区一带，其统治地域达到今天的辽宁和内蒙古的部分地区，"匽侯盂"的发现是周王朝统治该地区的实证。

古往今来，美丽的蒙古草原令多少人向往不已，在美轮美奂的地表环境之下，同样埋藏着令人刮目相看的稀世之宝。1981年在内蒙古自治区赤峰市翁牛特旗头牌子，曾经出土过夏朝的一件青铜甗和两件青铜鼎，其中一件青铜鼎现藏于中国国家博物馆（见图1-3-2），该鼎圆腹，饰有弦纹和乳丁，双耳，高67厘米，口径37厘米，为模铸，是夏家店下层文化的代表。

夏家店文化因1960年首次发现于内蒙古自治区赤峰市的夏家店遗址而命名。夏家店文化是中国北方地区的著名青铜文化，主要分布在燕山山地、辽西地区和内蒙古东南地区。其下层文化的时间距今约4000~3500年之间，主干部分在夏朝的积年范围之内。

过去一直有个传统的看法，但凡提到文明，提到青铜器，首先想到的是中原地区。中原地区应该提及，却不能忘记中国的文明像满天星斗，就夏家店文化所在的地区而言，这里正是赫赫有名的红山文化的发祥地。红山文化的范围以西辽河上游的西拉木伦河、老哈河为中心，西起河北省张家口，东达辽河中游，北至大兴安岭，南逾大凌河谷。其中年代最早的是内蒙古自治区敖汉旗的兴隆洼文化，距今约8200~7350年之间，早于国内大多数地区的文化。过去人们常说黄河是中国的母亲河，后来又加上了长江，那么距今8200年的西拉木伦河算不算呢？夏家店下层文化青铜鼎的发现，颠覆了过去一直认为只有在中原地区才可能出现青铜重器的认识，对于所有人来讲无疑是重新学习的好机会。

二、雄起华北

中国号称中华，所以才有华北、华南、华东、华中之说。华北区习惯上为北京市、天津市、河北省、山西省和内蒙古自治区。无论是史前文明还是青铜时代，华北地区都堪称历史的佼佼者，其中北京市的考古发现以及山西省众多的晋国文物的出土，无疑是最引人注目的焦点。

山西省古称三晋，是由春秋时期的晋国及韩、赵、魏三家分晋而名。晋国是周成王所封，有一段传奇。大约在公元前1033年，周成王与小弟弟姬虞拿梧桐树叶做游戏，成王把梧桐树叶剪成玉圭的形状（见图1-3-3），对虞说"以此封若"（《史记·晋世家》）。于是，史官就请周成王择良辰选吉日封虞为诸侯。成王连忙说：我是开玩笑的，说说而已。史官严肃地回答道：君子无戏言，天子没有开玩笑的话。于是周成王只好封虞到唐国，都今山西翼城，这便是晋国的由来。

山西省历史悠久，北与戎狄相交，南与中原接壤，地理位置特殊，既有骑马射猎慷慨高

图1-3-3　玉圭
（山西省临汾市襄汾县陶寺遗址出土）

歌的一面，同时又兼容并蓄，文化厚重，出土的青铜器非常之多，其中1988年太原市金胜村赵卿墓出土的青铜鼎（见图1-3-4），格外值得回味。

图1-3-4　铺首环耳螭纹蹄足鼎（山西省太原市金胜村赵卿墓出土）

赵卿墓一共出土了三套青铜鼎，各为7件、6件和5件，分别称为："附耳牛头螭纹蹄足升鼎""铺首牛头螭纹蹄足升鼎""铺首环耳螭纹蹄足升鼎"，三套总共为18件。图1-3-4是6件的一套大小依次递减的青铜鼎，即"铺首牛头螭纹蹄足升鼎"，又称为"铺首环耳螭纹蹄足鼎"，高度分别为：32、30、26、24、23、22厘米；腹径分别为：37、34、31、29、28、27厘米，出土时鼎里边还有吃剩下的燕骨架。鼎的盖面和体饰有凤鸟纹、蟠螭纹、菱形回纹、弦纹、三角回纹等。

鼎是烹煮器，同时又是重要的礼器。《周礼》规定天子九鼎，诸侯七鼎，卿大夫五鼎。赵卿墓的主人被认为是赫赫有名的赵简子。赵简子（？—公元前475年），名鞅，后名志父，谥号为简，晋国的卿大夫，嬴姓。赵简子在晋定公时期执政晋国17年，为三家分晋建立赵国之元勋。赵简子虽然势权很大，不可一世，但他当时的身份依然是卿大夫，按照礼制，他死后应该享受五鼎的待遇。而在他的墓里竟然发现了七鼎、六鼎和五鼎的陪葬，其中五鼎是正常享受的待遇，而七鼎显然是违背礼制的僭越行为。

当时正值春秋末年礼崩乐坏,周王室风雨飘摇,晋国的实际状况是王室衰微,国政由韩、赵、魏、智、范、中行6家把持,又经过不断的争斗,最后只剩下韩、赵、魏三家,并于公元前376年废除了晋静公,瓜分晋王室剩余的土地,分别建立了韩、赵、魏三国,史称"三家分晋"。赵简子去世的时候距离三家分晋整整100年,鉴于赵家强势,陪葬七鼎可以理解。那么六鼎又是怎么一回事呢,按照礼制和当时传统的做法,鼎陪葬是奇数,簋是双数,而赵卿墓陪葬的六鼎1套,确实有些不伦不类,令人费解。我认为,从3套18件的总数分析,不仅大有蹊跷而且内涵十分隐秘,如果将18件一分为二,则是2套九鼎,是不是早就预谋赵氏家族在地下、在人间都想要当天子,享受九鼎的待遇,也未可知。

不过,赵卿的愿望并非遥遥无期的梦想,在254年后赵氏家族终于统一了六国,建立了大秦帝国。有人会问:秦王朝是秦始皇嬴政在陕西创建的,怎么与山西的赵氏扯上关系?原来在历史上秦与赵是同一个祖先,都姓嬴,是伯益的后代。伯益与大禹是共同治水的两位英雄,因为治水有功,受到舜帝的封赐,赐伯益姓"嬴",是为嬴姓之祖先[①]。所以《史记·赵世家》记载:"赵氏之先,与秦共祖。"他们源出一脉,同祖共宗,分支为秦、赵。

山西赵氏的先祖嬴姓造父,曾为周穆王御车(赶马车)。大约在公元前965~前961年,造父赶着车拉着周穆王到西域瑶池去会见大名鼎鼎的西王母。学者认为,瑶池即今新疆维吾尔自治区的旅游胜地天池。见面之后,两个人互赠礼物,并且在瑶池之上推杯换盏饮酒作乐,周穆王非常开心乐而忘返。正在得意之时,占据今江苏省泗洪县一带的徐偃王利用周穆王远在西域的机会,起兵反对周王朝。周穆王只好放弃与西王母的交流,乘车疾速返回中原平息徐偃王造反,而当时为周穆王驾驭马车的正是西周时著名的驭手造父。

据说造父仅仅用了七天七夜的时间就从瑶池赶到平叛现场,周穆王指挥周军平定叛乱迅速结束了战斗,并大获全胜。正因为造父高超的赶车技术,为平

[①] 徐日辉:《论嬴秦文化对古代中国政治制度的构建》,载《嬴秦文化与远古文明》,中国文史出版社2018年版。

叛的胜利赢得了宝贵的时间，所以周穆王奖励造父封与赵城（今山西洪洞县北一带），亦称赵父。因此《史记·秦本纪》记载："秦之先为嬴姓。……然秦以其先造父封赵城，为赵氏。"嬴姓有着驯马和赶马车的优良传统，从商王朝的孟戏、中衍到周王朝的造父、奄父等，都掌握了一门家传工匠技艺。秦人善牧，赵人善御。正因为赵秦一家，所以秦始皇嬴政亦称赵政，出土文献亦称"赵正"[①]，而古人在评论秦王朝暴虐速亡时说"卒灭赵氏"（《史记·郦生陆贾列传》），正是因为秦赵同苗的缘故。

三、精美华东

华东区包括上海市、江苏省、浙江省、安徽省、福建省、江西省和山东省。从文化传承上讲华东区称得上是多元化，其中福建和广东、广西一起属于百越文化系统；山东则与中原文化关系密切；上海历史上多属江苏，与浙江同属于吴越文化的范围。

吴文化是根植于中国本土的优秀文化，来源于西北的周文化。根据《史记·周本纪》的记载，周人的祖先有一位叫作古公的，生了泰伯、仲雍和季历三个儿子。他观察到季历的儿子姬昌（周文王）可以兴国。但又不能打破嫡长子的传统，于是古公晓意于长子泰伯和次子仲雍。泰伯和仲雍为了让他弟弟季历的儿子姬昌成就大业，便主动放弃继承王位的机会一起来到吴地，所以史称泰伯奔吴，自号句吴，是为吴文化之祖。

1954年6月出土于江苏省镇江市丹徒烟墩山的"宜侯夨簋"（见图1-3-5），成为周朝分封的有力佐证。"宜侯夨簋"高15.7厘米，口径22.5厘米，足径17.9厘米。四兽首耳，浅腹，圈足，饰有夔龙纹、涡纹以及圈足饰鸟纹等，现藏中国国家博物馆。

"宜侯夨簋"最珍贵的是器内底铸有12行126个文字，记载了周康王册

---

① 北京大学出土文献研究所编：《北京大学藏西汉竹简》，上海古籍出版社2015年版，第189页。

图 1-3-5　宜侯夨簋（江苏省镇江市丹徒烟墩山出土）

封"夨"为宜侯，并且赏赐财物、人、土地的经过，其中有"虞侯夨曰"之句，其"虞"，正是"吴"。时间大约在公元前 1010 年，距今已有 3030 年的历史。

吴文化是中华文化中最为灿烂的一支，自泰伯奔吴以来，"就将周道之兴的礼效法于吴地，遂带来了吴国礼仪之风，并且一直影响着后代，是中原文化与江南土著文化和谐发展的结果"[①]。相对于越文化而言，则有较大不同。比如，吴王夫差可以放越王勾践一马，但越王勾践一定会要吴王的老命，这就是文化的差异。

江西省在两汉时称豫章郡，唐初四杰之一的王勃在其《滕王阁序》中称："豫章故郡，洪都新府。"洪都即今南昌市。江西，因唐玄宗开元二十一年（公元 733 年）设江南西道而名，所以至今仍有豫章故郡、江南西道之称。江西省环境优越经济发达，历史上青铜文化极具特色，其发达程度改变了人们的认识，特别是江西省新干县大洋洲商代青铜器的发现，震惊了世界。

大洋洲商代遗址是 1989 年 9 月 20 日农民在挖沙子时无意中发现的。后经考古人员的精心发掘，一共出土文物 1368 件，分别为：陶器和原始瓷器 139 件，玉器 754 件（颗），青铜器 475 件。其中又以青铜鼎、甗、瓒、卣、钺、双面神人像等最为精彩。

甗属于饮食器具中的烹煮器，与鬲、甑、釜一样，主要功能是烹煮食物。

---

① 徐日辉：《吴军事文化对越文化的影响》，载《吴文化与创新文化》，凤凰出版社 2009 年版。

江西省新干县大洋洲出土的"立鹿耳四足青铜甗"体形硕大,有"甗王"之称(见图 1-3-6)。

饕餮纹饰的"立鹿耳四足青铜甗"由上下两部分组成,上半部分称为"甑","甑"就是今天蒸馒头、蒸米饭用的蒸锅,底部有气孔,为受热的通道;下半部分称为"鬲",直接受火,与今天居家过日子使用的带笼屉的锅一样,下面煮饭上面蒸包子。"甗"最初是陶器,在中国至少已有 8000 年以上的历史,后来才发展为青铜器。

图 1-3-6　立鹿耳四足青铜甗及下半部鬲(江西省新干县大洋洲商代遗址出土)

大洋洲出土的青铜甗通高 105 厘米,鬲高 39.5 厘米,甗口径 61.2 厘米,重 78.5 千克,双耳,耳上各立一雄鹿和雌鹿,回首互望,相依相恋 3200 多年。

"立鹿耳四足青铜甗"是对称的四足,极大地增加了器物的稳定性,与常见的三足完全不同。甗重 78.5 千克,是目前我国发现的所有甗当中最大的一件,而且是一次铸造成型,展示出江西省当时高超的科技水平。

安徽省与江西省接壤,以两淮文化而著称。两淮是以古代淮河为分界线,其淮水之南为扬州市,淮水之北为徐州市。两淮的青铜器与其文化一样,有着自己的显著特色，1933年出土于安徽省寿县朱家集的"铸客"大鼎，真正是登峰造极的青铜器精品（见图1-3-7）。

图1-3-7 "铸客"大鼎（安徽省寿县朱家集出土）

"铸客"大鼎高113厘米，口径87厘米，腹围290厘米，重400千克，鼎的口沿上铸有"铸客为集脒侣脒覃豚脒为之"12字。该鼎是仅次于司母戊鼎的又一大鼎，位居现已出土的青铜鼎之第二，习惯上称之为楚大鼎，是战国时期楚国的重器，是楚文化的代表。

面对惊世骇俗的大洋洲出土的青铜器，在惊叹之余，我们同时也看到了江西省早期青铜文化中带有明显的中原风格，尤其是具有安阳殷墟的特点。但是，在发展的过程中又与本土的文化相结合，显现出自身的文化特色，例如不追求相关文字的记载，装饰牛首纹等等，都与当地的文化背景和文化习俗息息相关。生活中，每当你在学习借鉴他人的文化、技术、工艺时，自觉或者不自觉地都会掺杂和融入自己的文化意识与行为准则。这是普遍现象，也是社会发展的必然。

台湾地区与大陆相连，自古为一体，文化相通，不可分割。台湾地区在秦朝称瀛洲、三国称夷州，隋代称流求，南宋时称为毗舍耶，明代为东番。现"台北故宫博物院"是目前国内外收藏青铜器数量最多的馆所（见图1-3-8），其中收藏有大量的国内出土和传世的青铜器精品，包括著名的亚丑方簋、毛公鼎、散氏盘等在内的从商代到战国时期的共有4300多件，要全面了解中国青铜文化的发展，"台北故宫博物院"不能不看。

图1-3-8　"台北故宫博物院"

中国东方的代表历来以山东省为节点，作为中华传统文化的中心区域，历史悠久的山东半岛是中国大陆文明的发祥地之一，从距今8000年前的北辛文化开始一直延续至今，在距今6000年前的大汶口文化时期就已经进入了父系社会[1]，并且已经出现了"岛""炅""戉""斤"等可以识读的文字[2]，而中国历史上大名鼎鼎的太皞与少皞都发源于此。

1964年，中国社会科学院考古研究所和滕县（今滕州市）博物馆进行联合调查的过程中，在距山东省滕县南25公里处的官桥镇前掌大村发现了一处

---

[1] 安作璋主编：《山东通史》，山东人民出版社1993年版，第7页。
[2] 李学勤：《论新出大汶口文化陶器符号》，载《文物》1987年12期。

重要的商代遗址，并且出土了一批精美的青铜器，其中有一件青铜方鼎和一件青铜圆鼎（见图1-3-9青铜方鼎、图1-3-10青铜圆鼎）。一大一小一方一圆，而且是方的小圆的大，堪称绝配，令人拍案称奇。

图1-3-9　铜方鼎（山东省滕县　　　图1-3-10　铜圆鼎（山东省滕县
　　　　　南官桥镇出土）　　　　　　　　　　　南官桥镇出土）

青铜方鼎高26.4厘米，口径18.8厘米，柱足，立耳，饰兽面纹，小中见大，颇有王者之风。青铜圆鼎，高51.6厘米，口径38厘米，蹄足，立耳，饰兽面纹，并且饰有乳丁，稳重大方。这两件青铜鼎属于商代晚期，距今3100多年，现收藏于山东博物馆。

滕州市官桥镇近邻是历史上有名的薛国，作为商朝设置在地方的重镇，扼守着商朝通往东夷的交通要道，所以才会出现贵族们使用的青铜重器。山东地区出土的青铜器非常之多，如高青陈庄西周城址有关齐都高级别青铜器的发现等等，这里仅举滕州市便可窥见一斑。

四、奇葩华中

河南、湖北、湖南华中三省，在中国青铜文化史上称得上是独大与奇葩。所谓独大，指河南省的早期青铜文化，毫无疑问是一枝独秀；而湖北省盘龙遗址、曾侯乙墓，湖南省宁乡县出土的商代青铜器，很难用一词表达，借奇葩说事，实在是不得已而为之的做法。

在中国的历史著作中，尤其是中学生的教科书里，河南省安阳市殷墟出土的商代司母戊鼎是最具影响力的青铜器代表（见图1-3-11）。司母戊鼎是商王武丁的儿子为纪念他母亲"戊"专门铸造的祭祀器物，因鼎内腹上铸有铭文"司母戊"三字，故称司母戊鼎，近年又有说是"后母戊鼎"。不管怎么说，仍然是这一件鼎。该鼎高133厘米，长111厘米，宽78厘米，足高46厘米，壁厚6厘米，重875千克，是中国迄今为止已发现的最大的单体青铜器，国之重器，是毫无争议的鼎王。

图1-3-11　司母戊鼎正面（河南省安阳市殷墟出土）

司母戊鼎庄重大气，穆然雄浑。整个鼎身以云雷纹饰地，并配有饕餮纹、蟠龙纹、鱼纹、兽面纹等（见图1-3-12）。典雅之中透露出几分神秘与霸气。

司母戊鼎是1939年3月由河南省安阳市武官村的吴希增等在探宝时发现的。由于发现的时候正值日本侵华时期，致使该鼎历经磨难，最终躲过了日本人的魔爪，现藏于中国国家博物馆。

图1-3-12　司母戊鼎侧面（河南省安阳市殷墟出土）

司母戊鼎的化学成分为：铜84.77%，锡11.64%，铅2.79%，其他成分0.8%，与《周礼·考工记》中"六分其金而锡居一"的比例大体吻合。从工艺上讲，司母戊鼎代表着商代最高的铸造工艺水平，鼎是整体一次性浇铸而成，分别由腹范、底范、顶范和芯范以及浇口组成，鼎耳是在鼎身铸成之后再装上范，二次浇铸成形。如此巨大的青铜鼎，至少需要1万千克金属原料，而且需要几百人同时配合才能完成，充分体现出商代的生产规模、组织能力和王室气魄。

说到司母戊鼎，我的印象非常之深。在20世纪60年代到70年代之间，我曾经做过10年的翻砂工，其间专门从事有色金属的铸造，主要是铜与铝铸件。当年，为了弄清楚古代青铜器的铸造工艺，曾数次观看此庞然大物，遗憾的是未能零距离审视该鼎，所以对其铸造时采用的浇口、冒口、芯子等具体技术不敢做出精准的解释。

但是，无论是谁，当你站在它的面前时，面部表情无外乎都是：摇头咂舌难以言表。

五、多彩华南

我国广东省、广西壮族自治区、海南省、香港特别行政区、澳门特别行政区从文化上讲都属于源远流长的"百越"文化圈。"百越"，是历史上对我国东南地区众多越人的统称，从地区分布上讲，江苏扬州一带的越人为扬越；江苏苏州、吴县（1995年撤销）一带的越人为吴越；浙江会稽、余姚一带的越人称于越、句越；浙江温州、台州一带及福建闽北部分地区的越人称瓯越；福建中南部的越人称闽越；广东东部地区的越人称南越，所以广东简称"粤"（越）；广东西部地区、广西一带的越人称骆越。

在江西、湖南南部与广东和广西北部交界处有一条由东北走向西南的山脉，称为五岭，广东因处五岭之南，又称岭南。岭南在秦汉以前尚不发达，落后于中原地区，而且民族众多，语言复杂，习俗各异。但是，自秦汉以后随着大量的中原人及先进文化涌入岭南地区，促进了该地区的快速发展。自然环境由于海岸曲折，港湾众多，自古就以渔猎和商业贸易著称。

广东省最早设置地方政权在秦始皇三十三年（公元前214年），叫作番禺，为当时的南海郡治，具体治地在今广州市番禺区，有出土的青铜鼎为证（见图1-3-13）。

图1-3-13 青铜鼎（广东省广州市南越王墓出土）

广州古代为南越国，1983年南越王赵眜的墓被发现，出土各种各样的文物达1万余件，一共出土青铜器500多件，其中带有"番禺"铭文的青铜鼎6件，而且全部为南越国的工匠铸造，货真价实地展示出南越国时期广东地区青铜铸造工艺的水平。

在刻有"番禺"铭文的6件青铜鼎之中，其中的一件刻有"蕃禺少内"铭文（见图1-3-14）。"蕃禺"即今番禺，是广州建城的重要物证，极其珍贵。少内，秦朝的职官，主要掌管财货，而且是天子、王的私人财货，属于内官，与南越王赵眜的身份完全吻合。

香港和澳门在青铜文化的鼎盛时期没有亮点，文化上与广东同根连枝。

图 1-3-14　番禺少内鼎（广东省广州市南越王墓出土）

有意思的是香港虽然在历史上不生产青铜器，然而由于特殊的市场地位与特殊色环境，收藏青铜器成为香港收藏家们追捧的专项，包括古玩市场，确实藏有不少重器，包括来自内地的器物，还有从世界各地收购来的器物，很值得关注。例如现藏于浙江省博物馆的镇馆之宝"越王者旨於睗剑"，就来自于香港古肆。

另外，澳门新落成的海事博物馆虽无鼎盛时期的青铜器，但收藏了不少近现代的青铜器物（见图 1-3-15），尤其与海上丝绸之路相关的器物，颇为值得关注。不过，如果你想全面了解中国的青铜文化，不考察中国香港、澳门的私人收藏，中国"台北故宫博物院"，日本的私人收藏，以及英国、美国、俄罗斯、法国等国家的收藏是不行的。

图 1-3-15　澳门海事博物馆

六、奇异西南

西南区包括重庆市、四川省、贵州省、云南省和西藏自治区。在一市三省一区当中，除重庆、四川之外，其余各省（区、市）青铜文化兴起的时间上要晚于中原地区，其中西藏自治区的青铜文化极具特色，主要表现为佛教造像。

重庆简称巴、渝，1997年从四川省分出，属于巴蜀文化圈。巴蜀在古代交通不便，多有封闭，但农业生产相当发达，汉代时川西水稻每亩产量可高达700斤左右，居全国之冠。还盛产铜、盐、锦等。成都在明代以前，是仅次于长安、洛阳的大都市，物产丰富，有天府之国的美称。正因为如此，巴蜀地区的青铜文化才不拘一格，奇异诡谲，吸引人眼球，特别是三星堆遗址出土的商代青铜器，与中原地区大相径庭，堪称西南青铜文化的代表。

三星堆遗址是一处跨越新石器时代到夏商时期的古遗址，距今约5000~3000年，是具有代表性的蜀文化遗址，其中隐藏着无数奥秘的青铜面具震惊了世界。

1987年出土的青铜面具，造型神秘莫测，高85.4厘米，宽78厘米，呈方形国字脸，蒜头鼻，阔口，长眉立眼，大招风耳，威风凛凛（见图1-3-16正面及侧面）。关键是其脸形与古代内地常说的同、田、贯、日四字标准完全不同。

图1-3-16　青铜面具正面及侧面（四川省广汉市三星堆出土）

青铜面具最令世人惊奇的地方有三处：第一，面具上人的眼睛是凸出来的，而且前凸得过分夸张，称之为凸目青铜面具亦不为过。第二，一对耳朵的宽度几乎和脸的宽度相等，称得上是真正的大招风耳。第三，在脸的双眼之间的额头中间伸出一高于脸的羽饰，的确令人匪夷所思。

三星堆共出土大、中、小青铜面具20多件，其中一件高64厘米，宽138厘米的青铜面具，其眼睛呈柱状，凸出长达16厘米，如此诡异的造型，在世界范围内也是名副其实与独一无二的。

毫无疑问这些吸引世人眼球的凸目、特大招风耳和超长羽饰，它们的功能究竟是什么呢？几十年来学者们进行了深入的研究，直到今天仍然是见仁见智。

不过，凸目被认为是传说中的"千里眼"，而招风耳则是"顺风耳"，确实有些道理，或许当年的先民正是顺着这一思路创造的，在他们看来眼睛只有凸出去，才能看得远，今天的望远镜正是凸目的实践。大招风耳如同今天张开大网的雷达天线，在搜索环宇的信息。至于高高竖起的羽饰，在我看来，既是王者皇冠上的标志，更像是今天的电子探头，窥视着环境监控着属下民众。当然了，作为神、巫、王的结合，更重要的功能应该是用于祭祀，或者是大型群体活动、原始的宗教活动以及特殊环境下的祈福活动。

云贵高原是一处多民族的聚集地，贵州称"黔"，为战国古黔中郡之演变而来。贵州历史悠久文化多元，既与越文化密切联系又与土著文化相结合，并呈现出特有的地域性文化。而"夜郎自大"则是历史的误解。贵州同广西一样，也是铜鼓之乡。现藏于贵州民族博物馆的一面铜鼓，在鼓的鼓腰和鼓足部分都饰有五铢钱纹（见图1-3-17）。五铢钱是汉朝发行的流通货币，在其流通地区是财富的象征。显而易见，作为民族地区的贵州与中原地区的文化交流同样是密不可分的。

图1-3-17　五铢钱纹（贵州省民族博物馆藏）

七、雄浑西北

陕西省、甘肃省、宁夏回族自治区、青海省和新疆维吾尔自治区是传统的西北区。除陕西以外，其余甘肃、宁夏、青海三省区以及新疆维吾尔自治区因地处陇山以西，历史上称为"陇右"。陇右是中华民族和中国农业文明的发祥地之一，以距今8220年的秦安大地湾文化为代表，自人文始祖伏羲在这里诞生以来，薪火相传、生生不息，而以秦朝为代表的秦文化就发源于此①。

在中国青铜文化的发展历程中，地处西北五省区的陕西省占有相当重要的地位。从西周开始，历经秦、汉、前赵、后秦、西魏、北周、隋、唐，以及农民起义大齐（黄巢）、大顺（李自成）等11个王朝，是长达1000多年的建都之处。

陕西地上地下文物众多，被誉为中国的天然历史博物馆，特别是陕西省宝鸡市自从汉宣帝神爵四年（公元前58年）出土第一件青铜鼎开始，到迄今为止的2000多年间，先后出土了数以万计的青铜器，其中带铭文的有千件左右。其中最著名的大盂鼎、小盂鼎、毛公鼎、散氏盘、逨盘、季子白盘、盠驹尊、何尊等西周的重器都出土于此。特别是何尊，在其铭中文第一次出现了"中国"两个字，引起了人们的极大关注。

何尊：青铜材质，圆口，方体，有四道棱，长颈、圈足，腹部微鼓，以雷纹为底，饰有蕉叶纹、蚕纹和饕餮纹图案。通高38.8厘米，口径28.8厘米，腹围61.6厘米，重14.5千克（见图1-3-18）。1963年出土于陕西省宝鸡县（今属宝鸡市）贾村镇，现藏于宝鸡青铜器博物院。

何尊，造型大气，工艺精美，铸造于距今3000多年前的西周早期，记述了周成王继承周武王的遗志，营建东都洛阳之事。

---

① 徐日辉：《秦早期文化的新认识》，载《历史月刊》2000年7期。

图1-3-18　何尊及细部（陕西省宝鸡县贾村镇出土）

何尊属于周成王时期宗族当中一位名叫何的私人器物，本身也是一件酒器，之所以被称为中国的镇国之宝，原因就在于何尊内胆的底部铸有12行、122字的铭文，其中第一次出现了"中国"一词，原文是"唯武王既克大邑商，则廷告于天，曰：余其宅兹中国，自兹乂民"①（见图1-3-19）。何尊全文的大意是说周成王五年（公元前1138年）四月，周王在成周（今天的洛阳）开始营建都城以威慑东方，并且对周武王进行了祭祀。周成王于丙戌日在宫殿里对宗族的小子何进行了训告，并且指出以此地（洛阳）为天下中心，统治民众。又赏赐何贝三十朋，何感恩戴德因此做了此尊，以作纪念。

何尊铭文的史料价值极高，不但证实了周武王克商之后就产生了将政治中心由关中向东发展的意图，并且建立天

图1-3-19　何尊铭文，见《商周金文编——宝鸡出土青铜器铭文集成》

① 霍彦儒，辛怡华主编：《商周金文编——宝鸡出土青铜器铭文集成》，三秦出版社2009年版，第505页。

下之中的洛邑来加强统治。而"中国"二字作为词组首先在何尊铭文中出现，意义非常重大，而中国之名由此发端，走向世界。

大凡珍贵的物件往往都伴随着一些不可思议的传奇，何尊也不例外。1963年6月宝鸡县（今属宝鸡市）贾村镇陈堆家因为自己的老房子住不下，便租了邻居的房子暂居。同年8月一场大雨之后，陈堆发现房屋后边的土崖上隐隐约约露出了东西，于是就去挖，便挖出了何尊。第二年陈堆从宝鸡返宁夏回族自治区的固原，临行之际又将何尊交给陈湖保管，而陈湖在1965年将其卖给了废品收购站，何尊即将被当作废铜烂铁处理。

世间之事可谓无巧不成书，就在何尊即将被熔铸之际，被宝鸡市博物馆的佟太放发现，他立即向有关领导汇报，以30元人民币买回到博物馆，何尊终于幸免于难。不过，有关何尊的传奇还没有结束，尤其是铭文的发现，又是一段传奇。

1975年为了纪念中日建交，国家文物局计划在日本举办一次中国出土文物精品展览会。当时聘请了青铜器大家马承源先生组织筹备，征调了100件精品文物，其中就有何尊。马承源先生对何尊早有耳闻，却没有见过。在故宫英武殿马承源先生见到实物，反复观看后觉得有些奇怪，心想如此大的器物不应该没有铭文，于是用手在何尊内部仔细揣摩，一连数日没有结果，马先生仍不死心，终于凭着手感发现底部似乎有文字信息，于是让人立即除锈。经过处理果然在尊的底部发现了122字的长篇铭文，至此，马承源先生的发现，使隐藏3000多年的"中国"一词得以重见天日，真正是功德无量。

第四节　源远流长

从世界文明发展的进程看，每一个国家，每一个地区，每一个民族，都有着自己的文化和认识标准，只要是客观地建立在已知的物质文化和精神文化的基础之上，那么，中国的青铜文化必然会得到合理的解释。

一、青铜文明

中华文明灿烂辉煌源远流长，青铜文化是重要组成标志之一，青铜器与中华文明究竟是什么样的关系，是许多人想知晓的内容。对此，我们首先要知道什么是文明。说到文明，人们马上会对应为在公共场合大声喧哗、闯红灯、随地吐痰等不文明行为的文明。实际上文明的含义不仅非常之广，而且内容和形式也是多种多样千差万别的。随着社会的发展，人们开始追寻文明的起源，探讨文明的形成，复原文明的发展，是长期以来的热门话题，然而，遗憾的是至今尚未有公认的标准答案。

有趣的是在相当长的一段时间内，中国的学者们在讨论我们自身文明的起源时，有不少人借用西方的"文明"概念来判定中国的文明时代。西方的"文明"一词产生于工业革命的18世纪，自19世纪以来形成了比较统一的认识。其中对中国人影响最大的要数摩尔根的《古代社会》，他在书中对人类社会文明时代划分的结论是："文明社会，始于标音字母的发明和文字的使用，直到今天。""今天"，指摩尔根完成《古代社会》的1864年前后。显而易见，摩尔根是将文字的发明和使用作为文明的开始，这一概念被后来的很多学者所采纳。

另外，还有把文明界定为文字、城市、青铜器、冶金术、国家等。其中比较通行的标准，即英国考古学家丹尼尔在《最初的文明：文明起源的考古学》一书中提出的："一个称作文明的社会，必须具有下列三项中的两项：有五千以上居民的城市，文字，复杂的礼仪中心。"凡此种种西方人设定的一些文明标准，长期流行于国内。我们认为西方人建立起来的文明标准是基于西方社会，虽然有它一定的合理性，但未必就完全适用于中国。

面对西方人种种"文明"的界定，中国人有着自己的传统认识。《易·乾·文言传》称："见龙在田，天下文明。"此处的"文"与"纹"相通。《说文》："文，错画也。象交文。"错画之文饰，就是依据自然现象而刻画的"纹""纹理""花纹"。《易·系辞下》称:"物相杂,故曰文",其"文"即交错之"纹"。所以《古今韵会举要·文韵》称:"文,理也。如木有文亦名曰理。"由此可见,最初的"文明"之"文",乃是交错之"纹",源于先民们的刻画之"纹"。庄子说"越人断发文身","文身"即"纹饰",就是在身上刺花纹,以增加美感。所以后来谥帝王身后为"文"者,便属美好的赞誉。

文明是人类长期人化、文化、人文化的结果。明者,《说文》曰:"明,照也。明,古文从日。"因此唐人孔颖达在疏"文明"时说:"天下文明者,阳气在田,始生万物,故天下有文章而光明也。""文章"是人类理性思维的产物,是智慧的结晶,功在承传历史、宣扬文化、启迪心灵,所以才谓之光明[①]。因此,中国人传统认识上以"文化"为标尺的"文明"观与西方的"文明"有着一定的差距。

在人类发展的历史进程中,由于外部条件的制约与差异,造成了发展水平与速度的不尽相同。但是,最基本的国家权力机构、冶炼技术、城市等应该是有所具备的。现代考古学、人类学意义上讲的"文明"是相对于"野蛮"和"蒙昧"而言。因此利用青铜器考察文明社会,是合理的标准设置。

青铜器作为文明的标准之一,至少对衡量一个地区的文明有着积极的意义。甘肃省、青海省连续出现了5000年前后的青铜器,难道不是文明的成果,或者说文明的开始吗?

青铜器的出现极大地提高了社会生产力的发展,加快了人类社会前进的步伐,因而青铜文化在很长一段时间内成为人类文明进步的象征,现以赫赫有名的青铜器虢季子白盘为例(见图1-4-1),予以解说。

虢季子白盘传道光年间出土于陕西省宝鸡县虢川司(今宝鸡市太白县嘴头镇),被赞誉为"晚清四大国宝",出土之后又流转到常州,现藏中国国家博物馆,为其镇馆之宝。

---

① 徐日辉:《论渭水上游的文明时代》,载《考古与文物》2002年先秦史考古号。

图 1-4-1　虢季子白盘正面及侧面（陕西省宝鸡市太白县嘴头镇出土）

虢季子白盘长 132.2 厘米，宽 82.7 厘米，高 41.3 厘米，重 215.5 千克。虢季子白盘内底有 8 行 111 字，记述公元前 816 年虢季子白征伐猃狁，以斩首 500 人，俘虏 50 人的战绩，受到周宣王赏赐的事情。猃狁又称犬戎，是古代西北地区重要的民族之一，在西周末年一度强大，经常侵扰京畿（今陕西省西安市一带），搅得周王室惶惶不可终日。司马迁在《史记·齐太公世家》等多处记载犬戎杀死周幽王，迫使周平王迁都洛阳。最新的"清华简"则记载周幽王是在攻击申侯时被杀，但确与犬戎有很大关系[①]。

虢季子白盘丰富了历史上西北少数民族与周朝关系的内容，尤其是书法艺术方面极具特色，其疏密有度，流畅清丽，开清丽俊逸疏朗书法之先河，是中国金文中的极品，深受书法爱好者的推崇。虢季子白盘造型奇特，如同一个大浴缸，作为水器，如此之伟岸，当你面对如此庞然大物时，难道还没有敬畏感吗？难道还感觉不出来文明的信息吗？

世界上发生过的事情往往就是这样，看似一两件不起眼的青铜器物，实质上却标志着人们开始由简单的原始生活朝着有目的有意识的向大自然索取发展，通过人为的创造发明改善环境、优化生活，由原生状态粗线条向细部加工发展，逐渐朝技术化和艺术化迈进，改变着文明发展演进的历程，历史终于翻开了新的一页。青铜器之所以吸引人眼球，不断地刷新人们的认识，恰是青铜文化的魅力之所在。

---

① 徐日辉：《从"清华简"考察瑶族千家洞与周平王东迁》，载《瑶族千家洞高峰论坛文集》，广西人民出版社 2013 年版。

二、盛极而衰

青铜器是中华文明的产物,当我们在感受文明过程的同时,也体悟到青铜器带来的困惑与悲哀,让我们从最常见的下流说起吧。

下流,相对上流而言,本意是从上往下流的意思,到了汉朝其含义演变为人的品质,与原意风马牛不相及。其实,真正的下流与夏朝的青铜器相关,而且是有流的饮酒器爵、角、盉等。爵是喝酒用的饮酒器,有些可能是斟酒器。流,是流动的意思,所谓流水不腐户枢不蠹正是此意。

在吸管发明之前的夏王朝,爵身上的流是流入口腔和倒入青铜器皿的通道,现收藏于上海博物馆的管流爵可视为代表性器物(见图1-4-2、图1-4-3)。

图 1-4-2　管流爵一(上海博物馆藏)　　图 1-4-3　管流爵二(上海博物馆藏)

管流爵,造型非常特殊,在该爵的中部有一根管状的流。饮酒时既可以持鋬(把手)通过管状的流倒入杯中饮用,类似于今天分酒器的功能,也可以持鋬端起爵从上端翘起的前翼和后翼之间饮用,当然也可以对着流直接喝酒。通过管从高往下自然流出来,享受美味佳酿,如同水往低处流一样,是之为下流,并无贬义。

酒是人类文明的产物，是社会生产力发展到一定水平的表现，酒的发明丰富了人们日常的饮食生活和文化生活。酒的原材料是粮食，"因此，酒作为古代中国粮食丰歉的晴雨表，又与社会政治相联系，甚至还被提到了国家兴亡的地步"[1]。酒作为饮料，在中国起源很早，至少已有七八千年的历史。中国是世界上酒的发源地之一。

考古发现，早在商代已经在大批量地生产酒。例如1974年在河北省藁城台商代中期遗址中不仅发现了酿酒作坊，而且还发现了作为酿酒原料的谷物，在一只大瓮内还残存8.5公斤酵母残渣。鉴定分析表明这就是当时人工培植的曲蘖。[2]表明至少在我国的商代，在上层社会就已经大量饮用酒，而且比较普及。

夏朝贵族嗜酒是普遍现象，而且影响恶劣，流毒绵长。酒的发明者据说是一个叫作仪狄的女人，她曾经将美酒奉献给大禹，大禹饮后虽觉口感不错，但他考虑到酒是由粮食加工而成，基本上3斤粮食才能加工1斤酒。而当时的粮食产量又不能完全满足人民的需要，因此，"禹饮而甘之，遂疏仪狄，绝旨酒"，并且认为"后世必有以酒亡国者"（《战国策·魏策》）。事实证明大禹的担心不是没有道理的，在生产力低下的年代，多数人尚不能果腹，而少数人则消耗大量的粮食用做奢侈享受，其结果必然会引起社会的不满，动荡也就随之产生了。果然大禹的担心不幸被言中，而且就发生在他的后代夏桀身上。

夏朝青铜器的铸造工艺相当精湛，尤其是饮酒用的爵，其造型特别优雅秀美，在河南省偃师市二里头发现的青铜爵称得上是典型器物，其特点是高足、薄壁、束腰。尤其是高足的爵，最高者足的长度几乎占了整个爵的近二分之一（见图1-4-4，现藏中国社会科学院考古研究所），长长的流配合细长的足（腿），其造型非常优美，如同亭亭玉立的长腿美女，给人以艺术美的极大享受。

束腰爵是河南省偃师市二里头青铜酒器另一大特色，束腰为长束腰式和短

---

[1] 徐日辉：《中国饮食文化史——西北地区卷》，中国轻工出版社2013年版，第89-90页。
[2] 河北省文物考古研究所：《藁城台西商代中期遗址》，文物出版社1986年版，第175-176页。

图1-4-4 长足爵(河南省偃师市二里头出土)

图1-4-5 短束腰式爵(上海博物馆藏)

束腰式。束腰,就是刻意呈现出的细腰。束腰既是贵族们奢靡生活的表现,又与当时人们的审美意识息息相关。

每当宴会开始,一队队妙龄少女鱼贯而入翩翩起舞,在随风飘动的长袖下,尽显出婀娜多姿的小蛮腰。主人们手把着束腰的爵(见图1-4-5),就像搂抱着美人的细腰,或许真的是一手搂抱着美女,一手把着酒爵,爵中的酒通过又细又长的窄流,散发出一阵阵的清香,缓缓地进入醉眼蒙眬的主人之口,令人如痴如醉,忘乎所以。

长袖善舞,束腰丽美,被后来的楚人发挥到了淋漓尽致的地步,而具有发明权的中原地区却只能望其项背。

爵作为饮酒的器具之一,从原始的陶质器皿到青铜器大约经历了3000多年的演进,发展到青铜时期,爵在保留原有功能的前提下,开始向更高要求进行工艺创新。例如,河南博物院收藏的河南省偃师市二里头出土的青铜爵很有特色,尤其是爵的壁非常之薄,薄到几近透明的程度(见图1-4-6),体现出高超的铸造工艺。作为距今4000年前后的产品,不能不说是一个奇迹。

中国有一句成语叫作加官晋爵,殊不知这个"爵"正是饮酒时使用的爵。中国古代的礼仪制度异常严格,爵作为身份与地位的象征,有公、侯、伯、子、男5种爵位。秦汉时期又分为20爵位,最高为20爵。其实外国同样有爵位,如罗马帝国的公爵以及法、英诸国的侯爵、伯爵、子爵、男爵等等。

夏朝是否已经有封爵,不太清楚,但是,在出土的青铜器物当中以饮酒

图 1-4-6　窄流平底爵（河南省偃师市二里头出土）

器爵居多，可以认定爵在夏朝的生活中已经占据着十分重要的地位，最终发展到周朝才形成了爵位制度，并且一直延续到大清帝国，长达3000年之久。然而，在一片赞美声中，我们同样看到了不和谐的因素，那就是盛极而衰的嗜酒亡国。

禹的儿子启"湛浊于酒"《墨子·非乐上》，孙子太康"甘酒嗜音"《尚书·五子之歌》，夏桀则"荒耽于酒"，所谓"夏人饮酒，醉者持不醉者，不醉者持醉者，而歌曰：盍归乎"（《尚书大传》）。夏王室和贵族们前赴后继嗜酒如命，带动了整个国家社会的嗜酒之风，从而加速了政权的衰亡。考察表明，嗜酒之风不仅仅影响了夏朝，同样也危及商朝。如商代最后一代国君纣王"好酒淫乐""以酒为池，悬肉为林，使男女倮相逐其间，为长夜之饮"（《史记·殷本纪》）。在纣王的影响下，全社会是"诞惟民怨，庶群自酒，腥闻在上"（《尚书·酒诰》），酒气冲天浑浊不堪，终于导致了亡国。夏（下）流之饮虽然甘美，然而前车之鉴却不得不防。

三、警钟长鸣

青铜文化是中华文明的重要构成，学者们一般把源远流长的中国青铜器文化划分为三大发展阶段,即形成期、鼎盛期和转变期。其中形成期是指龙山时代,距今约 4500~4000 年;鼎盛期即中国青铜器时代,包括夏、商、西周、春秋及战国早期,延续时间约 1600 余年;转变期是指战国末年到秦汉时期,最重要因素是铁器的大量使用,在相当成分上取代了青铜器的作用。另外,由于秦统一后帝国帝制的确立与延续,打破了传统的礼仪制度,伴随着瓷器的出现,终于使青铜器走下了神坛。

实际上中国的青铜时代还应该往下延伸,从西北、西南等民族地区、边疆地区的考古发现可以证明。20 世纪 90 年代,我在俄罗斯科学院远东分院所在地海参崴(今俄罗斯符拉迪沃斯托克)就发现有考古出土中国青铜器物,并且对现场也进行了考察。虽然这些地区的青铜时代要明显晚于中原地区,作为社会发展不平衡的结果,不应该将其从青铜时代中划出去。

源远流长的青铜器,充分展示出中国人的睿智、勤劳和对生活的追求。从张开血盆大口的饕餮,如眼镜蛇般的幽龙,可以反映出人们对社会的认识,对道德明理念的批评,对明天的期盼,对世界的认识,尤其是对未知世界的探寻。如悬挂在广东省深圳市沙头角中英街的青铜警世钟(见图 1-4-7),是 1997 年 7 月 1 日中国政府对香港特别行政区恢复行使主权的历史见证。悠久绵长的青铜器又成为中国人结束屈辱的标志,中英街的青铜警世钟上刻写的"警钟长鸣,勿忘国耻"八个大字,再一次提醒中国人不要忘记过去的苦难,时刻牢记收复自清康熙二十八年七月十四日(1689 年 9 月 7 日)以来被帝国主义强行霸占的数百万平方公里的领土。

图 1-4-7 警世钟(悬挂在广东省深圳市沙头角中英街)

第二章
人神对话

人与神之间能否对话，在中国古代社会不但认为可以，而且还认为能从神那里得到护佑和帮助，可以享受神赐予的福分，从生命开始到衣食住行无处不在。人与神对话的方式也是各种各样千奇百怪的，有御龙升天者，有通天彻地者，有杀人血祭者，有烧燎祷告者等等，凡此种种不一而足。所用之物更是光怪陆离匪夷所思，有用三牲者，有用马、狗、鸡、鱼者，有用人首者，有用童男童女者，有用精血者，有用毛发者，有用玉器者，有用青铜者，有用丝帛者等等，因人因时各取所需。至于向神诉求愿望者，其内容之丰富，包括了政治、战争、生活、人生的方方面面，求天者，求地者，求胜者，求官者，求财者，求寿者，求子者，求学者，求食者，求衣者等等，虽有地位层次不同，却无本质上的区别，无非祈求索取，别无他需。其中青铜器物作为人神交流的中介载体，曾经起到过相当重要的作用。

第一节　龙的期盼

龙是中华民族的象征，我们都是"龙的子孙""龙的传人"，也是今天全世界华人华裔认祖归宗的直接表现。龙为什么会受到中国人的青睐，为什么会成为中华民族的标志，其原因就在于龙是农业民族的象征①。在我们这个以农立国、以农为本的国度里，先民们选择了"龙"作为自己认可和接受的图腾，并且在出土的青铜器上得到了印证。

一、来自远古的基因

在中国丰富多彩的青铜纹饰当中，有一种被称之为龙纹。之所以认定为龙纹，与龙和龙文化密切相关。如陕西省宝鸡青铜器博物院收藏的西周早期青铜爬龙堪称代表（见图2-1-1）。青铜爬龙1992年9月出土于陕西省宝鸡市扶风县的召公海家村，通长60厘米，重19千克。双角特别粗大，双目圆鼓微凸，龙头上挺，威风凛凛。对于这件爬龙的用途，有不同的说法。根据其断开之处看，似乎是一件特大型青铜器上的耳。

考察表明自商朝以来华夏民族就有铸造龙耳的习惯，不过如此巨大的龙耳，确实令人刮目相看，所以有中国第一龙之称。

龙是中华民族的象征，龙的造型基本上是以蛇曲为主体。那么龙体的原形

---

① 徐日辉：《伏羲文化研究》，中国教育文化出版社2005年版，第172页。

图 2-1-1　青铜爬龙及细部（陕西省扶风县召公海家村出土）

又是从何而来的呢？从古至今没有一个标准答案，宋人罗愿的《尔雅翼》引王符民间画龙，有马首蛇尾三停九似之说，其九似，称"角似鹿，头似驼，眼似兔，项似蛇，腹似蜃、鳞似鲤，爪似鹰，掌似虎，耳似牛"，现在看来只不过是依葫芦画瓢罢了。而今天学者们所谓龙的原形出自蛇、蟒蛇、蜥蜴、鱼、鳄鱼、马、犬、猪、闪电、雷、虹等等，大概也是五十步与百步之差。

人们常说的来龙去脉，其实对于龙来也不清楚、去也不明白，因为我们这些自称为龙的传人的人，有几位能说清楚究竟什么是"龙"！科学家们认为龙也就是恐龙，至少在人类诞生之前就已灭绝。但是，现实生活中的国人却无人不知其龙，无人不晓其龙。在这个长期的演化过程中，青铜器可以说是起到了推波助澜的积极作用。

人类到底有没有见过龙，过去的答案是没有。但是，近些年来随着考古事业的迅速发展，出土了大量的有关龙的实物，使我们有了新的认识。

1987 年考古工作者在河南濮阳西水坡 M45 号墓中发现的蚌龙（见图 2-1-2），形象最为逼真，距今已有 6500 年的历史。也就是说"龙"的基本形象在距今 6500 年前就已经定型。从造型看，濮阳西水坡蚌龙不但是一件难得的史前艺术珍品，同时说明出人们对龙的认识要早于中华 5000 年的文明史。

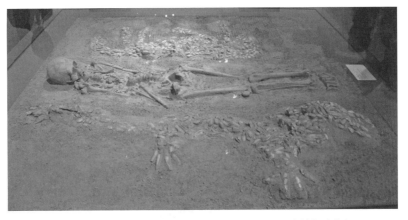

图 2-1-2　蚌龙（河南省濮阳市西水坡出土，中国国家博物馆藏）

河南省濮阳市西水坡蚌龙的发现震动了整个学术界，由于意义重大，因而对其研究者甚多，可以说在一段时间内形成了濮阳热。该墓葬被认为是上古太皞部落首领的墓葬，有学者甚至认为是太皞伏羲氏的墓。需要辨明的是，太皞与伏羲并非同一个人。

太皞，又作太皓、大皞、太昊、大昊，为东夷部落的著名首领。活动范围最初大体在山东省的蒙山、济水一带。少昊部落兴起后，太昊部落逐渐受到排斥，乃至于一度南迁到今河南省淮阳一带。太皞原出自山东省，其后裔活动于江淮一带，因其水网密布的环境而与蛇多有关系。伏羲出生于渭水上游的成纪（今甘肃省天水市），一路向东开拓发展，初兴于渭水中游的陈（今陕西省宝鸡市），最终定都于陈（今河南省淮阳县），发展于中原大地①。两个部落在中原融合之后，形成了新的联合体，也就是今天人们所说的以龙为图腾的太昊伏羲氏。

人们不禁要问，六七千年前的人凭什么塑造的龙图腾呢？为了写好这本书，我于 2018 年 5 月 1 日乘飞机专程前往贵阳市考察有关青铜器，特地看了一下贵州省出土的龙，即赫赫有名的"贵州龙"。令我大开眼界，又匪夷所思，因为"贵州龙"与古人刻画的龙十分相像（见图 2-1-3），简直如出一辙。通过对贵州龙的考察，我突发奇想，是不是早期的人类见到过龙，而它们的某种

---

① 徐日辉：《太皞伏羲氏与中原文明》，载《河南科技大学学报》，2006 年 6 期。

基因被人类遗传，留下了极深的潜意识，而这一潜意识终于在某一天被激活，并被反映了出来，于是龙的形象便展示在公众面前。否则，如何解释几乎是克隆一般的相像？

图 2-1-3　贵州龙及细部（贵州省博物馆藏）

二、农业民族的期盼

山有山神，水有水神，这是中国特有的文化现象。水神，祭拜的是龙王爷，因为龙王是水神的象征，是农业丰收的祈盼和保障。中国人没有不知道龙王的，因为几千年来一直是靠天吃饭，直到今天依然是靠天吃饭。正因为水利是农业的命脉，所以人们便给龙赋予了种种的神奇，包括行云布雨，因而龙便成了华夏民族的崇拜物。

夏族的旗帜是龙旗，其上层社会使用的器物，装饰图案用的正是龙，如山西省襄汾县陶寺遗址出土的陶制大型彩绘蟠龙陶盘（见图2-1-4），就是最好的证明，距今有4300年以上的历史。

图2-1-4　陶龙盘（山西省临汾市襄汾县陶寺遗址出土）

陶寺遗址作为早期中国的都邑，除了青铜器之外，其中又以龙为标志的器物最为醒目。龙盘作为帝王使用的专利，开启了中国龙图腾、中华民族龙的传人之滥觞。后来夏朝正式使用龙为国家的旗帜，正是继承了唐尧文化的传统，并且一直延续到清王朝。

无独有偶，远在东南地区的浙江也发现了一件商代青铜龙盘，可圈可点。1984年在浙江省温岭市的琛山乡出土了一件商代晚期的蟠龙青铜大盘（见图2-1-5），现藏于浙江省博物馆。盘通高26厘米，口径61.5厘米，重22.5千克，侈口、圆腹、圈足。该盘最大的亮点是在盘的中央铸有一条引颈向上的龙，蟠

图 2-1-5　蟠龙青铜大盘及细部（浙江省温岭市琛山乡出土）

龙身在盘底。龙首近方形，双角双耳，貌似牛，大口露齿，威风凛凛。

　　青铜大盘是农民在挖地时发现，纯属偶然却又十分珍贵，尤其是盘中铸有龙首实不多见，颇具神秘色彩。不过，从造型上分析，确实与江、淮流域联系密切。据当地人说，出土大盘的地方距传说中的徐偃王故城不远。由于出土地点属于百越中的瓯越，与分布在今江苏省西北部和安徽省东部的徐偃王有关。徐的先祖是与大禹一起治水有功的伯益，被封于徐，遂以国为姓。徐国主要分布在淮河中下游地区，中心地域在今江苏省的泗洪县一带，徐国最有名的正是徐偃王。公元前 512 年徐国被吴国吞灭，国破家亡后徐氏族人被迫迁徙四方，其中浙江省便是徐人迁徙的重要地区之一，此物随南迁流落于此，仍不失为一段民族融合的佳话。

　　中国是传统的农业国家，作为农耕文明，水是保障和发展农业生产的关键。治水，从古至今都是中国人的头等大事，中国的历史几乎是一部治水史。从一定意义上讲，水关系着中华民族兴衰存亡的根本大事，谁能解决农业生产中的"水"，保障农业丰收，谁就是"神祇"。因此，大禹治水是中华民族的骄傲和象征，更是人类征服大自然的自信心的表现，是农业民族的期盼。

　　龙与水有关，核心是农业文明，因而在青铜器上多有表现。例如，1978 年河南省淅川县下寺楚国墓地中出土的龙耳虎足方壶，堪称春秋时期青铜器的代表作（见图 2-1-6）。壶高 79.2 厘米，口径 18.6 厘米 ~22.7 厘米，腹径 35 厘米 ~36.2 厘米，重 26.7 千克，现藏河南博物院。龙耳虎足方壶既是国宝级的青铜重器，同时也是楚系青铜文化中的典型器物。龙耳虎足的寓意正是用龙表示天，

图 2-1-6 龙耳虎足方壶及细部
（河南省淅川县下寺楚国墓出土）

用虎再现地，至尊至贵。不过，如果大家仔细观看，就会发现这一对龙耳与前边宝鸡市出土西周早期青铜爬龙有着明显的传承关系。值得关注的是，这一时期的龙虽然显赫，但还没有达到不可冒犯的地步。

历史告诉我们，龙原本是远古时期中华民族日常生活中的一种反映，或者说是图腾崇拜，经过历史的演变继而成为封建帝王的皇权象征，今天又成为整个中华民族的标志和象征。

龙对中华民族的影响极其深远，在中国大地上，从东方的山东省、浙江省到中部的河南省、安徽省；从西部的陕西省、甘肃省、新疆维吾尔自治区到北方的山西省、内蒙古自治区、辽宁省，再到南部的四川省、重庆市；无论是画像砖、石刻、浮雕，还是镜纹、图饰、绢画等，都发现了相同的各式各样的龙，如果再进一步考察，你就会发现在祖国的大地上最多的最常见的正是"龙王庙"，所谓大水冲了龙王庙，九龙治水，龙多不治水等等，都与水利息息相关。

三、帝王时代的专利

龙，作为一种纹饰，被普遍地刻画在大量的青铜器物上面，显示出人们对龙的崇拜意识。龙作为装饰气势很大，可以烘托气氛，尤其在帝王家使用的器物上，更加显示出庄严肃穆。我们看到中国国家博物馆五大镇馆国宝之一的龙虎纹青铜尊，以及上海博物馆收藏的西周早期的青铜龙首钺等（见图 2-1-7），充分说明了龙在当时上层社会的突出地位。他们刻意塑造出龙的纹饰以凸显国家和个人社会地位的重要性。用龙作为原型铸造钺，则显示出龙的权威性和不

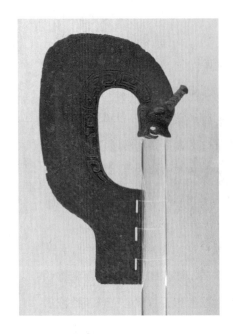

图 2-1-7 龙首钺（上海博物馆藏）

图 2-1-8 龙纹钺（陕西省韩城市梁带村出土）

可抗拒性。

无独有偶，在陕西省韩城市梁带村同样发现了龙纹钺（见图 2-1-8），该钺出土于芮国墓地 502 号墓，属于西周晚期的器物，现藏于陕西省考古研究院。梁带村芮国墓地属于贵族墓地，出土了一批精美的玉器和青铜器，龙纹钺只是其中之一。

梁带村芮国墓地的考古还发现有出乎意料的精品，如 26 号墓出土了一件极为精致的龙纹盉（见图 2-1-9），就是其中之一，现藏于陕西省考古研究院。该盉的盖子上铸有一只向前直视的老虎，似乎是在寻找猎物。盉的腹部装饰有连体吐舌双龙纹，设计非常巧妙，是后世双龙戏珠、双龙戏水的前身，而流管的正面以及背和两侧饰有蛇纹，是难得一见的极品。

对于龙，司马迁在《史记·周本纪》曾经记载了这么一段有趣的历史故事，说的是在夏朝末年的一天，皇宫里突然飞进来两条龙。这两条龙进来之后在大殿上相互打架，翻来覆去缠斗了很长时间也不愿意离开。最后夏王祈求祷告，两条龙终于飞走了，但在地上剩下一摊精气。夏王恭恭敬敬地将龙精装在一个匣子里，封好，并且作为镇国之宝保存起来，每年还要进行祭祀。这个装有龙精的匣子连同祭祀的传统，一直传了 800 多年，周厉王时才将

图 2-1-9　龙纹盉（陕西省韩城市梁带村出土）

其打开，结果引来了褒姒以及烽火戏诸侯的故事。司马迁的记载虽然有小说家言的嫌疑，却反映出一个真实的历史背景，那就是龙与国家的安危是联系在一起的。

《礼记·郊特牲》说帝王"旗十有二旒，龙章而设日月，以象天也"，帝王就是天子，而天子必须有龙相辅相成。如秦始皇，他就以龙自称。在他去世的前一年（公元前 211 年），民间传说"今年祖龙死"，给秦始皇心理上极大的压力，于是占卜吉凶，得到出游吉利的信息，遂开始了人生最后一次的巡游，结果还是死在了路上。

还有，汉朝的开国皇帝刘邦自称为龙种，《史记·高祖本纪》记载："其先刘媪尝息大泽之陂，梦与神遇。是时雷电晦冥，太公往视，则见蛟龙于其上。已而有身，遂产高祖。"虽然大都认为是刘邦为抬高自己而编造的鬼话，但是，这一席鬼话在风云际会的大变革时代却是真命天子的依据。所以大家看到北京故宫里边最多的图案，莫过于大大小小的龙，而且是五爪金龙，如著名北京故宫里的九龙壁，全部是五爪龙（见图 2-1-10），而现存于山西省大同市的九龙壁只能是四爪龙，而且没有正面的，因为皇帝只有一个，就住在北京的紫禁城。

图 2-1-10　北京市北海的九龙壁

我们知道，先民们有着浓厚的原始宗教意识，他们世代相传，往往以祖先、动物、自然现象为其神灵，凡举行重大活动无不以祭祀为先，尤其是护佑集体的祖先，龙文化只是其中的一部分。在人类科学进入人工智能时代的今天，龙实际上已变成一种象征，一种极富文化意义的符号和共识性的文化标志。从古至今，上自皇帝下到百姓，龙的观念在中国人的心中根深蒂固，其内涵已成为民族团结的力量和象征。在龙的大旗下，中华民族以龙的传人自立于世界民族之林，作为文化现象，龙则无处不见，无处不在。

其实，在夏朝的时候龙不但可以饲养，并且还作为肉来食用。《史记·夏本纪》记载当时有养龙专业户，叫作"豢龙氏"，而且有"龙一雌死，以食夏后"。是说在夏朝孔甲时期有一个叫刘累的人向豢龙氏学得养龙技术，因为孔甲养龙有功，被赐姓御龙氏。"龙一雌死，以食夏后"，是说将死龙肉给孔甲吃。有趣的是，孔甲吃过死龙肉，不仅觉得味道很鲜美，而且没吃够还想吃，就让刘累继续给他搞龙肉吃。刘累想尽办法也没有搞到龙，害怕罪及自己，就偷偷地跑掉了。司马迁所记载的龙是否就是后来帝王们专属的龙，也就成为无从知晓的千古之谜了。

第二节 多子多福

多子多福、人丁兴旺是中国人几千年来形成的生育观,直到今天也没有完全改变。在生产技术不发达的古代,人是第一生产要素,劳动力一直是农业经济的主体,没有人也就失去了一切。常言道人多力量大、人多好办事,讲的就是这个道理。

另外,中国人虽然异常注重生育,却十分隐晦,但又不甘心,于是乎又把性的信息巧妙地表现在青铜器上,让人去猜想,去领悟,只可意会不可言传。

一、盉流的寓意

《孟子·告子》里有句名言"食色,性也",讲出了吃饭与性是同等的重要。可见自古以来饮食与繁殖后代是紧密联系在一起的,所谓饮食男女,人之大欲存焉。根据孟子的提示,我们在青铜器物上发现了不少有意义的造型,其中以盉以及乳丁纹、蛙纹最为突出。

盉是饮酒的器具,主要功能是调酒及调配酒的浓度,也可以用于盛水。盉一般都是大肚子,以保证有足够的空间盛酒。

盉分别由流、头、鋬(把手)、鬲形体的腹部和足组成,如陕西省西安市长安区张九坡出土的西周晚期伯庸父盉(见图2-2-1),上海博物馆收藏的兽面纹龙流盉(见图2-2-2),颇具内涵。龙流盉造型十分美观相当大气,工艺也极为精湛,尤身是弯曲向上、直挺着龙首流,令参观者流连忘返。假如我们换一个角度去考察,就会发现此盉的流与男根颇为相像,特别是昂首的流头,毫无疑问,从一个侧面给人以无限的遐想。

图 2-2-1　伯庸父盉（陕西省西安市长安区张九坡出土）

图 2-2-2　兽面纹龙流盉（上海博物馆藏）

盉是酒器，是饮食生活的一部分，"食"在满足生存需要的同时也在不断地改进口感，以丰富日常的生活，而性却承担着繁衍后代的千秋大计。先民们在探索中发现，在生活中进步。每当经济发展和社会稳定的时候，人们便注重自身的发展。在中国传统文化的载体中,从帝王将相到庶民百姓,无一例外地将繁衍后代作为头等大事来看。看看上海博物馆收藏的变形兽纹盉(见图2-2-3),你就会发现此物之神奇,确实可与男根一比。

图2-2-3 变形兽纹盉(上海博物馆藏)

英国著名人类学家詹姆斯·乔治·弗雷泽在《金枝》一书中指出:"没有任何地方比澳大利亚中部的荒瘠地区更加系统地实地运用交感巫术的原理,以争取丰足的食物。在这里,各部落划分为许多图腾氏族,为了本氏族的共同幸福,每个氏族都有责任利用巫术仪式来增殖它的图腾生物。绝大多数图腾都是可食用的动物或植物,因而这些仪式通常都是为保证这个氏族的食物或其他生活必需品的供应而举行的。"弗雷泽先生把"食"提到与生殖相同的高度并不为过。但他只是认识到"食"与"生存"的关系,并未看到"食"更是为了生存而服务于生殖。只有大量的生殖才能保证劳动力的延续,才能获得更多的生存空间,尤其是在农业民族的中国。

二、回归乳丁纹

人是胎生动物，母乳在远古时期是婴儿唯一的选择，刚出生的孩子吃不到母乳，就会被饿死，别无选择。不像今天有各种各样的替代品喂养婴儿。尽管如此，科学家的研究证明对婴儿健康发育最好的还是母乳。

过去我们说是吃妈妈的奶长大的，因此人类的母爱是任何情感无法替代的。鉴于此，古人在创作青铜器的时候，有意识地将母乳的乳房和乳头作为装饰，以志纪念。所以青铜器中的乳丁纹便成为最主要最常见的纹饰。

有乳丁纹的青铜器虽然不少，但精品仍然稀少，如陕西省清涧县解家沟出土的文簋（见图 2-2-4），极具典型意义。文簋的器形并不突出，其引人注目的关键点是满身乳丁纹的针刺，其寓意之深不言而喻。

图 2-2-4　文簋（陕西省清涧县解家沟出土）

还有上海博物馆收藏的一件由唐祖诂先生、宋景文女士捐赠的甲簋颇具代表性（见图 2-2-5），甲簋，据传是 1925 年出土于陕西省宝鸡市的斗鸡台，属于西周早期的器物。簋高 29.8 厘米、口径 22.5 厘米、重 6.48 千克。与文簋一样是圈足，但连铸方座，显现出不同一般的高贵。而簋身上凸出的乳丁纹尤

图 2-2-5　甲簋（上海博物馆藏）

其夸张，别具一格。

从年代上讲，文簋属于商朝晚期的器物，而甲簋则是西周早期的产品，二者之间在时间上非常接近，且内涵相同，极有可能出土于同一个地方，其主要特征是颇具特色的爆乳，以周身突出的乳丁针刺来体现簋的重要意义。

簋是盛放食物的食器，青铜簋的使用者是上层社会的人物，他们之所以将乳头作为装饰铸造在食器上，就是让进食者不要忘记当年是吃母亲的乳汁长大的。尤其是将乳丁的前端设计为尖针状，以警示此处是不可以随便触摸的，否则，将会大祸临头。

三、作宝的子孙

在辉煌的青铜文化当中，最重要的元素之一便是青铜器上的铭文，而最常见的则是"子子孙孙永宝用"，而且常是最后一句。如周厉王食器的晨盘，铭文称"晨作宝盘，其万年子子孙孙永宝用"；即簋"其万年子子孙孙永宝用"；恒簋盖甲、乙，最后一句共为"其万年世子子孙虞宝用"；仲义父作新客鼎甲、乙、丙、丁、戊，最后一句同样共为"其万年子子孙孙永宝用"；还有克钟乙、戊,最后亦是"克其万年子子孙孙永宝"等等;数不胜数。

现藏于上海博物馆的大克鼎(见图 2-2-6),与克钟同为一窖藏,清光绪十六年(1890)在陕西省宝鸡市扶风县任家村发现,大概有百余件之多,其中大部分下落不明。此大克鼎为潘达于女士捐赠。

图 2-2-6　大克鼎及铭文(陕西省扶风县任家村出土)

大克鼎不仅是上海博物馆的镇馆之宝,同样是国家级的国宝。鼎高 91.3 厘米,口径 75.6 厘米,重 201.5 千克。腹内壁上铸有铭文 28 行,共 290 个字。其中最后一句为"克其年万寿无疆,子子孙孙永宝用"。所谓的子子孙孙,说到底,也就是性,也就是中国人常说的香火旺盛,最终还是人口的增加,没有了人,那里还有什么子子孙孙?

中国人传统的生育观是不孝有三,无后为大,讲早婚早育、多子多福,所以自古以来,人口的增加不仅仅是个人、家族的事情,同样是国家兴旺发达的标志。一部二十四史,始终将人口问题与国家的政治环境、社会环境紧密地联系在一起,并且将其作为实力考量的重要标准。

第三节　通天彻地

大凡一种器物出现与使用，首先是功能，当满足一定的功能之后，发展变化也就接踵而来，尤其是相对应的文化内涵，伴随着用途的丰富而不断地创新和拔高，青铜器正是典型的器物之一。《左传·成公十三年》称："国之大事，在祀与戎。"古人之所以将祭祀摆放在战争的前面，今天的人很难理解。但是，在科学技术不发达的古代，通过祭祀祈求上苍和神灵满足自己的愿望，将其作为第一要务的大事，则再正常不过了。

一、祈求福祉

中国人祭祀祈求的活动由来已久，根据古籍的记载，人类早在"冬则居营窟，夏则居橧巢。未有火化，食草木之实、鸟兽之肉，饮其血茹其毛。未有麻丝，衣其羽皮"的时候，就已经在进行祭祀活动。他们"以养生送死，以事鬼神上帝……以降上神与其先祖"（《礼记·礼运》）。而祭祀使用的器物，也由简单的石器、陶器，逐步发展到青铜器等。

在漫长的青铜时代，祭祀需要纯正的青铜器，是古人根深蒂固的传统认识。在他们看来，作为被祭祀者的祖先是保佑活人的守护神，祭祀作为国家大事，来不得半点马虎，所以要将最珍贵最精美的青铜器——即所谓国之重器献给祖先使用。如著名的司母戊鼎就是武丁的儿子为纪念他母亲"戊"专门铸造的祭祀器物。正因为如此重要，所以才创造出中国青铜文化史上的一个又一个奇迹。

20世纪70年代中国有两件出土文物震惊了世界，一件是甘肃省武威市出土的青铜奔马，另一件是云南省江川县李家山出土的牛虎青铜案（见图2-3-1）。铜奔马现已成为中华人民共和国的旅游标志，而作为国宝级的牛虎青铜案则成为云南省博物馆的镇馆之宝。

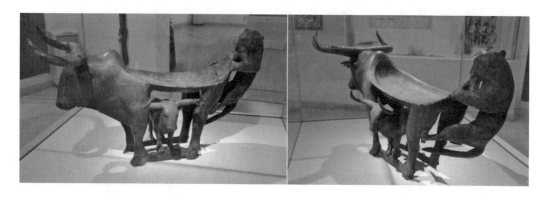

图2-3-1　牛虎青铜案及侧面（云南省江川县李家山出土）

牛虎青铜案，1972年出土于云南江川县（今玉溪市江川区）李家山古墓群第24号墓。青铜案高43厘米，长76厘米，宽36厘米，属于战国晚期的产品，距今已有2300年左右的历史。

牛虎青铜案是云南青铜文化的代表作，享誉海内外。牛虎青铜案由两只牛和一只老虎组成，造型为一只大公牛四足站立，牛峰隆起，安详平和，一只小牛站立在大牛腹下，同样平静安定。在大牛的屁股上爬有一只老虎，在吞噬牛的尾巴。在牛峰与老虎之间有凹槽，为摆放物品所用。

从牛虎青铜案的整个造型看，应该是一个祭祀用的"俎"，也就是切肉、盛肉的案子，成语"越俎代庖"的"俎"指的正是此物，同时也属于礼器的一种。因为祭祀需要摆放大量的礼器，俎是必不可少的器物。以孔子为例，孔子出身于破落的贵族家庭，3岁时死了父亲，便由母亲颜征带着他离开宋国（今河南省商丘市夏邑县），举家迁居到鲁国的国都曲阜城里。孔子少年时生活比较贫困，所谓"故多能鄙事"（《论语·子罕》）。但母亲希望他重振家门，为此对孔子进行严格的教育，甚至于小时候"为儿嬉戏，常陈俎豆，设礼容"（《史记·孔子世家》）。是说孔子在母亲的教育下，小的时候做游戏玩时，常常在俎上摆豆磕头行礼，终于成为儒家之尊。祭祀时俎与豆同时使用。图2-3-2为内蒙古出土的青铜豆，正是盛放食物的食器，同时也是祭祀用的祭器。

图 2-3-2 青铜豆（内蒙古自治区宁城县出土）

对于牛虎青铜案的内涵，学者们做了大量的研究，有认为大牛是母牛，在老虎危及生命的时候显现出伟大的母爱，也就是母牛护犊等等。从表面上看确实是虎噬牛，若仔细观察并非如此。因为大牛和小牛非常坦然自若，丝毫没有害怕的感觉。试想：如果真正是老虎在吃牛，牛还能够如此的淡定吗？显然不可能，而且一定是先猎杀小牛。其实，稍微留意一下中央电视台的动物世界节目中有关非洲狮子捕杀水牛的场景，答案自然清楚明白。

我一直认为：牛在中国为六畜之首，对于农业民族而言最为尊贵，所以牛虎青铜案以牛为主体，突出农业经济在滇文化中的重要地位。虎代表着勇敢、强大，在滇文化以及长江流域的青铜器当中多有表现，比较普遍。设计者将牛和虎有意识地组合在一起，体现出当时人们重视农业、希望强大的主观意愿。

从生态学的角度考察，通过牛虎青铜案，可以证实当时云南地区的生态环境非常优越，水草丰盛，植被茂密，生活着大量的华南虎，人们经常可以看到老虎吃牛的现象，并烙印于人们的脑海，在没有影像技术手段的古代，只有习惯性的印象才能随手拈来，入微刻画，终于成为世之绝品。

二、富贵人间

中国的青铜时代说起来辉煌无比，器物展陈也称得上是光怪陆离。但从光环的背后考察，令人沮丧地发现青铜器并不是大多数人的消费品，而是掌握在少数人的手里。作为掌握权力和财富的象征，尤其在商周之际的政治生活中青铜器充当了极其重要的角色。

1938年在湖南省宁乡县（今宁乡市）的黄材镇月山铺出土了一件举世罕见的宝物，叫作四羊方尊（见图2-3-3）。四羊方尊为四方形造型，长颈，高圈足，高58.3厘米，每边长52.4厘米，重34.5千克，是目前商代青铜方尊当中最大的一件，现藏中国国家博物馆。

图2-3-3 四羊方尊及细部（湖南省宁乡市出土）

此青铜尊之所以称四羊者，是因为尊的腹部铸造有四个装饰用的羊首（即羊头）。四羊方尊造型诡异，华丽精美，通身饰有蕉叶纹、夔龙纹、饕餮纹。尤其是将四只羊塑造于尊的四角，每角一只，面向四方张开。羊头上的角是卷曲的，就是常见的绵羊造型，而羊头是伸出来的，其伸出部分大体与口边在一条垂直线上。其诡异之处就在于在两只羊头之间各有一个龙首从中探出器来，羊在四周，龙在中央，羊大而龙小，如此匠心独具的造型寓意何在？究竟想要表达什么？今天已经无从知晓。

四羊方尊的铸造工艺特别讲究，从整体看应该是两次分铸而成，首先铸造羊与龙，然后将预先铸造好的羊与龙加热，再放入器型内浇注完成。在距今3000年前，能够达到如此高超的铸造工艺，确实可圈可点，堪称鬼斧神工。

尊是大、中型盛酒器。四羊方尊是酒器，更重要的是祭祀时使用的礼器，羊不但与人们日常生活相关，而且是古代祭祀用的牛、羊、豕三牲之一。《尚书·召诰》称："若翼日乙卯，周公朝至于洛，则达观于新邑营。越三日丁巳，用牲于郊，牛二。越翼日戊午，乃社于新邑，牛一、羊一、豕一。"郑玄注《周礼·宰夫》时说："牢礼之法，多少之差及其时也。三牲，牛、羊、豕具为一牢。"用牛、羊、豕三牲祭祀为之太牢，是最高礼节。羊是胎生食草动物，古代最美的食材，美味佳肴的必需品。羊作为肉食原料在中国已有8000多年的历史[①]，是古往今来人们非常喜欢吃的肉食，所以五味盉羹的"羹"，珍馐的"馐"，以及羊大为"美"等等，都与"羊"有关，直到现在，全世界几乎所有的民族都在食用羊肉。

羊首作为装饰在商周以来的青铜器中屡见不鲜。河北省邯郸市博物馆收藏的一件商代晚期的"饕餮纹青铜羊首尊"可为一证（见图2-3-4）。该尊1975年出土于武安市的赵窑遗址，高21厘米，口径25厘米，饰饕餮纹，属于商代晚期，距今已有3000多年的历史。

图 2-3-4 青铜羊首尊（河北省武安市赵窑遗址出土）

邯郸曾经是战国时期三家分晋之后赵国的国都，在此出土以羊首为装饰的青铜尊，应该与当时的生活习俗相关。人们熟知的成语胡服骑射，说的正是赵武灵王锐意改革壮大骑兵的典故，反映出畜牧业经济在赵国的发展，正因为赵

① 徐日辉：《中国西北地区饮食文化渊源初探》，载《饮食文化研究》2004年4期。

国有三分之一左右的领土属于畜牧区或者是农牧兼作区,所以才会出现以羊为装饰的器物。

另外,羊与祥相关,内涵吉祥的寓意,无论是在人间还是地下阴间,都常常用羊来表达美好的祝愿。在江苏省徐州出土的汉代画像砖当中不乏"羊"的形象(见图 2-3-5)。四羊方尊的四只羊头面向四方,与上海博物馆收藏的商代晚期四羊首瓿、河南省郑州市出土的羊首饕餮纹青铜罍、河北省邯郸市博物馆收藏的"饕餮纹青铜羊首尊"一样,代表着一年四季,祝福着四方大地人寿年丰吉祥如意。

图 2-3-5 画像砖(江苏省徐州市出土)

三、美梦永远

考古发现,在中国广袤的大地上,从东到西,从南到北,到处都有精美漂亮的青铜器,在祖国灿烂辉煌的青铜时代,从封建帝王到诸侯显贵,在生活中往往将一些青铜神器带下殿堂,出现在觥筹交错的宴饮的场合。作为身份的象征,他们生前享尽人间富贵,死后倾其所有竭力陪葬,好在另外一个世界里继续奢靡生活。

人总是要死的，这是不可抗拒的自然规律，也是地球上最公平的一件事。不过，在对待死后的问题上，古人与今人大不相同。古人特别注重死后的事，在宗教迷信的指引下，又想出许多死后生活的图景，并设法满足活人的心理需求，可以不惜一切代价去营造死后的世界，甚至相信人可以死而复生。

他们除了营建富丽堂皇的地下宫殿之外，还把大量的财富带进墓葬，包括生前使用过的和另外一个世界即将使用的奢侈品和生活用品。现在国内大量的青铜器，尤其是汉朝以前的青铜器物，绝大多数都是当年的陪葬品。他们将社会重要的资源带入地下，全然不替活着的人着想，他们的贪欲、他们的自私，足以反映出他们的人品。不过，话又说回来，正因为他们不断满足事死如事生的奢望，才使我们得以见到如此众多精美的青铜器，以接近历史的真相，演绎遥远的故事。

按照礼制规定，陪葬品尊贵者为九鼎八簋，而平民百姓在厚葬之风的影响下，多多少少地也陪葬一些日常用品。大到几十千克、几百千克，小到一针一线，虽然身份地位不同，但期望来生的欲望和期盼更好地生活在另外一个世界的想法却是一致的，并没有本质上的区别。

如河南博物院收藏的春秋"莲鹤方壶"（见图2-3-6），堪称是壶中的巨无霸。"莲鹤方壶"又称"立鹤方壶"，春秋青铜器的代表作之一。相传1923年出土于河南省新郑市李家楼春秋郑国国君大墓，一对两件，高度有略微的差别。一件现藏北京故宫博物院，高125.7厘米。另一件现藏

图2-3-6　莲鹤方壶（河南省新郑市李家楼春秋郑国国君墓出土）

河南博物院，壶高 126.5 厘米，长 30.5 厘米，宽 54 厘米，重 64.28 千克。壶身呈扁方形，饰有神兽、龙、蟠龙纹，壶盖为双层莲花瓣造型，花瓣中央设有一个可以活动的小盖子，盖子上伫立着一只亭亭玉立的仙鹤，翘首远方欲鸣欲翔，绝无仅有。作为河南博物院的镇馆之宝，硕大的"莲鹤方壶"宏伟气派，华丽典雅，在整个展厅中恰如鹤立鸡群，观赏者无不高山仰止。

相比于 126.5 厘米高的"莲鹤方壶"，甘肃省博物馆收藏的距今 3600 年前的青铜镯（见图 2-3-7），在体量上简直无法与之相比。但是，这件出土于甘肃省积石山县齐家文化时期的小小铜镯，同样反映出先民们对生活的热爱，对美的认识，对未来世界的向往。齐家文化是中国西北地区著名的文化类型，分布范围广，涉及甘肃省东部及河西走廊东部、青海省东部，南抵白龙江流域，北达内蒙古自治区西南部以及宁夏回族自治区南部等地。其中西部地区的年代在距今 3900~3600 之间。齐家文化被认为是夏文化的源头，而且还是中国最早使用青铜器的地区之一。

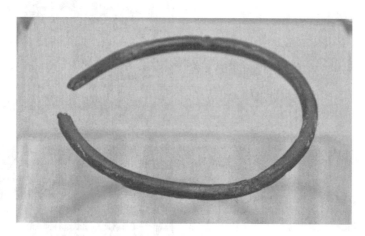

图 2-3-7　青铜镯（甘肃省积石山县出土）

中国的厚葬之风由来已久，最为残忍的是，威权者往往用人来陪葬，就是用活人为死者陪葬，是奴隶社会（包括封建社会）最野蛮的制度之一，尤以商代和春秋时期的秦国人最为残毒。其中商朝最多时一次殉人达 580 人以上，灭绝人性，惨绝人寰。在殷墟就发现了用甗煮人头进行祭祀的实物（见图 2-3-8、

图2-3-9），就是在祭祀之前先将活人的头割下来，放入甗中烹煮，然后进行祭祀。是今天的考古发现把统治阶级反人类的残忍行径，永远钉在历史的耻辱柱上。

图 2-3-8　人头与甗一
（河南省安阳市殷墟出土）

图 2-3-9　人头与甗二
（河南省安阳市殷墟出土）

商人特别迷信鬼神，疯狂的祭祀形式各种各样，活动也很频繁，动辄用人作为牺牲品正是最残暴最灭绝人性的做法，这在人类文明史上都是绝无仅有的。他们的目的非常明确，自己祈求祖先永保他们的天下，子子孙孙传至万代。至于像秦始皇陵这样空前绝后的特大型墓葬，不知道有多少冤魂在里边叫屈连天。

事实恰恰相反，世界上没有一成不变的东西，梦想未必能够成真，奢望更是过眼烟云。尽管当时下足了功夫，用尽了办法，甚至采取了违背人性的做法，然而，历史在发展中变化，社会在发展中前进，是不以人们的意志为转移的。面对令人眼花缭乱的青铜器，面对事死如事生的表演，面对对人自身的亵渎，面对毒劣人类文明的反动，不知道大家做何感想。

第四节　长治久安

世界上任何一个国家和民族，正义观与是非观是明确的，惩恶扬善是全人类共同的道德底线，如果这个底线一旦被突破，社会秩序必然被打破，动荡也就随之而来。中国是礼仪之邦，尤其注重友善和谐，对于邪恶势力则坚决打击毫不手软。但是，中国人又特别重视防患于未然，因此，将警示邪恶作为重要的手段之一，以期将事态消化在发生之前。其中青铜器的饕餮纹饰，便是防微杜渐的常态化警示教育的具体表现，以期达到长治久安。

一、纹饰饕餮

饕餮，饕为贪财；餮为贪食。饕餮是一种动物，传说是龙的第五个儿子，《左传·文公十八年》称："缙云氏有不才子，贪于饮食，冒于货贿，侵欲崇侈，不可盈厌，聚敛积实，不知纪极，不分孤寡，不恤穷匮，天下之民以比三凶，谓之'饕餮'。"对此，司马迁也认为：饕餮之徒"天下恶之，比之三凶"（《史记·五帝本纪》）。正由于"饕餮"是贪财贪吃的元凶，所以自然而然地成为反面教员。

商周以来人们就把贪食奢靡者称之为"饕餮"，而且具象为一种可怕的饕餮纹予以展示，即有头、有眼睛、有角、有鼻、有嘴、有蛇体的纹饰（也有认为是兽面纹），特意铸造在青铜器上。如1957年出土于山西省侯马市的饕餮纹范模（见图2-4-1），从其巨口大张、锋牙外露、令人恐怖的造型，便可清楚地看出当时铸造者的良苦用心。

图2-4-1　饕餮纹模（山西省侯马市出土）

饕餮纹在食器和酒器及礼器上尤为突出，如湖北省武汉市黄陂区盘龙城李家嘴1号墓出土的商代饕餮纹青铜提梁卣（见图2-4-2），周身就饰有狰狞的饕餮纹，格外阴森恐怖。卣是一种酒器，盘龙城出土的青铜卣是中国最早的青铜卣，具有发轫意义，若从细部看效果更加明显。

图2-4-2　饕餮纹青铜卣及细部（湖北省黄陂区出土）

饕餮纹实际上是多种动物的整合，因此造型极为诡异，且面目狰狞，凸显其神秘威严的艺术效果。饰有饕餮纹的青铜器物，既显示出统治者的威权，同时也给使用者一种心灵上的震撼，起到对当世及后人经常性的贪诫警示。[①] 所以《吕氏春秋·先识览》称："周鼎著饕餮，有首无身，食人未咽，害及其身，以言报更也。"颇为深刻，值得玩味。

当我们看到商周青铜器上装饰的饕餮纹时，即可领悟到在中国传统文化当中防患于未然是多么重要的举措，它告诉人们必须戒贪财戒贪食，否则害人害己，误国殃民。

考察中国历史，广大人民群众历来都提倡节约，崇尚简朴，视粗茶淡饭为家风，反对大吃大喝铺张浪费。一方面是食不果腹，一方面则是大吃大喝脑满

---

① 徐日辉：《墨子"畜种菽粟不足以食之"略论》，载《浙江工商大学学报》2007年6期。

肠肥。作为社会现象和弊端必须予以根除,这是广大人民群众的心声,也是社会发展进步的必然。

二、上训下白

中国的青铜时代最辉煌的阶段是从公元前1046年到公元前221年,长达825年的封建社会。自从秦始皇统一六国之后,中国便进入到长达2100多年的帝王时代。在封建社会里,大大小小的诸侯供奉着一个王,王管理着天下的各路诸侯。作为最高统治者的共主(天子),最害怕的就是以下犯上,挑战权威。所以采取了各种各样的方法与手段来巩固自己的权力,其中包括对下属的命令,包括严厉的训诫,在反反复复的高压之下,下属们只能战战兢兢地表忠心、献忠诚,以求自保,这些都记录在大量的青铜器铭文中,今天的考古发现又被毫无遮掩地暴露在光天化日之下,供人们研究评说。

我们以现藏于陕西周原博物馆的折觥为例(见图2-4-3),在其6行40字的铭文当中称"唯五月,王在戊子,令(命)乍(作)册折兄(贶)望土于相侯,锡金锡臣,扬王休,唯王十又九祀,用作父乙尊,其永宝……"①。铭文的大意是:周昭王十九年(公元前977)五月戊子这一天,在丰京一带,命令作册折为相侯代天子赠望土,又赏赐给折一些青铜和奴仆。

图2-4-3 折觥(陕西省扶风县法门公社庄白村出土)

周灭商定都关中后,有两处活动中心,一处是丰京,一处是镐京,在今陕西长安区沣河两岸。丰京在西(今客省

---

① 霍彦儒,辛怡华主编:《商周金文编——宝鸡出土青铜器铭文集成》,三秦出版社2009年版,第74页。

庄至张家坡一带），镐京在东（今斗门镇、白家、花园村等一带）。丰京是祭祀中心，镐京是政治中心。折是在祭祀中心的丰京得到周王的赏赐，为了宣扬和报答周昭王的大恩大德，折便为其父铸造了这件觥，作为祭器，以志纪念。

觥是盛酒器，多用做祭器，以兽形居多。折觥高28.7厘米，腹深12.5厘米，重9.1千克。1976年12月15日出土于陕西省扶风县法门公社庄白村1号窖藏，一共出土了103件，是新中国成立以来最重要的一次发现，折觥是其中最精美的器物之一。

青铜折觥的造型好像一只羊（见图2-4-4），有鋬有流，盖身完整。饰有饕餮纹、夔纹、云雷纹，并且配有象、鸮等10余种动物。不仅想象力极为丰富，而且设计奇特，工艺复杂，大气精美，富丽堂皇，是国家级珍贵文物。

再如，1976年出土于陕西省宝鸡市扶风县的Ⅲ式青铜痶钟乙，其铭文为"祖□来见武王，武王则令（命）周公舍寓（宇）以五颂处。今兴凤夕虔敬……"①。王就是命令，作为最高统治者一言九鼎，没有商量的余地。

图2-4-4　折觥正面（陕西省扶风县法门公社庄白村1号窖藏出土）

类似于此类的还有收藏于故宫博物院的西周青铜大鼎，其铭文记载了大约在周厉王十五年三月的一天，王在振宫举行宴会，令近臣膳夫召一个叫大的官员，并命令大及其僚属担任安全保卫任务。大的保卫工作很出色，于是王赏赐

---

① 霍彦儒，辛怡华主编：《商周金文编——宝鸡出土青铜器铭文集成》，三秦出版社2009年版，第126页。

给大32匹马。大感激万分"大拜，稽首"。为了答谢王的恩赐和宣扬天子的美意，并且让子子孙孙永远牢记，做了这个鼎。

从铭文可以清楚地看出，大属于第二层官，大概平时没有机会接近王。这一次被王叫来做宴会保卫，肯定是十二分的卖力，使整个宴会进行得正常有序，因而受到了王的赏赐。大之所以做鼎纪念，传之永远，首先是受宠若惊感恩戴德，其次是表忠心献忠诚，大张旗鼓宣传王的恩德。

三、德主刑辅

长治久安是历代统治者梦寐以求的终极目标，身为家天下的他们恨不得将天下传至千秋万代。从而思考用什么样的政治理念来统治国家，采取什么样的统治手段来管理国家，古人将其归纳为德治和法治以及德主刑辅等模式。

社会是大世界大环境，要求人人讲道德个个遵礼仪也不现实，面对日益复杂的现实社会，德治往往表现出更多的无奈，而法制则动用国家机器以暴力手段强制干预，效果反而十分明显，法家应运而生。法家强调以法治国，卓有成效，曾经显赫一时颇有影响。例如战国时期著名的法家人物商鞅在《商君书》中称："法令者，民之命也，为治之本也，所以备民也。"强调"以刑去刑"，并且推导出"刑生力，力生强，强生威，威生德，德生于刑"的政治理论。对广大老百姓则提出：愚民、弱民、疲民、辱民、贫民的驭民五策。秦国利用商鞅变法取得了成功，但秦始皇用驭民五策，强暴世人，仅仅15年就使一个不可一世的庞然大物土崩瓦解，其亡败之快确实令后世代代深省。

法家最大的弊端就在于以法为唯一标准、以法为行政手段处理一切事务，包括人民内部矛盾在内，在一定程度上引发了社会的不满，造成更大的动荡。

德是中国古代衡量社会的重要标准，从为人处世的角度讲，无论是统治者还是一般老百姓，德都是人生的第一准则，也是中华民族的传统美德，直到今天我们还在强调德治。孔子说："为政以德，譬如北辰，居其所而众星共之。"（《论语·为政篇》）有德才会有王道，才能真正治平天下。德治是治世的行为和标准，同样是历代社会精英们所追求的最佳模式，这在青铜器的铭文中有着强烈的反映。如现藏中国国家博物馆的大盂鼎（见图2-4-5），其铭文就有"唯九月，王在宗周命盂。王若曰'盂丕显文王，受天有大命，在武王，嗣文作邦辟匫厥匿，𩰲有四方。畯𤼰厥民，在于御事，酗酒无敢耽"①。宗周，在今天的陕西省西安市，王，指的是周康王（公元前1020年~前996年在位）。

图2-4-5　大盂鼎（陕西省岐山县出土）

这段话的意思是说：周康王在宗周向盂叙述了周朝兴起的原因，叙说他的祖先伟大而又英明的周文王接受了上天赐佑的重大历史使命。传到周武王，又继承了文王所建的国家，整齐了内部，保护了四方的土地，管理着百姓，天下长治久安。并且利用总结商朝嗜酒亡国的历史经验的机会，表白自己同样是兢

---

① 霍彦儒，辛怡华主编：《商周金文编——宝鸡出土青铜器铭文集成》，三秦出版社2009年版，第379-380页。

兢兢业业亦步亦趋，甚至连酒也不敢多喝。另外还告诫盂一定要效法列祖列宗，忠心耿耿辅佐王室。

大盂鼎出土于清朝道光初年的陕西省岐山县，鼎高102厘米，重153.5千克，腹内铸有19行291个文字。1951年由潘达于女士捐赠给上海博物馆，1957年收藏于中国历史博物馆（今中国国家博物馆）。大盂鼎铸造于周康王二十三年，即公元前998年，是西周最大的青铜鼎，排中国国家博物馆十大镇馆之宝第六。

大盂鼎所铸铭文是周康王作为追溯文武丰功伟业和总结传承周朝开国以来统治经验的政治文献，从中我们可以清楚地看到是比较温和的方式管理国家，大概是统治者所追求的主要方式，即德主刑辅的统治模式。

考察中国古代社会发展的轨迹，不难发现在政治制度上始终存在着法制与德治的矛盾，但又在相互调整彼此消长中滚动发展，其中非常重要的政治手段无非是调整和平衡。作为平衡的支点，不仅仅是法制，还有与德治相关的礼治与理治。德主刑辅正是从维护统治王朝的根本利益出发，针对法制中的弊端不断自我调节、自我纠错、自我完善。法制是从最初的部落内部规范演变而来，最终发展为行政手段，上升为国家专政。所以，古代的圣贤们极力倡导德治，就是试图恢复到自觉规范的和谐社会。

事实上，中国古代最大的问题是民生问题，是生活在社会下层的广大老百姓能不能够正常生存的问题。它是关键性的节点，也是最基础的核心点。例如直到今天人们仍然在赞美有加的文景之治，真正的状况是司马迁实实在在的一句话："汉兴七十余年之间，国家无事，非遇水旱之灾，民则人给家足。"（《史记·平准书》）纵观中国历史，没有几个文景之治，绝大多数民众在大多数情况下面临的是如何生存的问题。只有解决了温饱问题才有可能谈有没有希望、有没有盼头。从距今4070年前的夏王朝开始到1911年清朝结束，始终没有摆脱这个问题。

第三章 国家象征

国家的象征是什么，针对这个问题，我们曾经做过问卷调查，答案是五花八门的，如：国旗是国家的象征，天安门是国家的象征，警察是国家的象征等等，可谓眼花缭乱。在中国古代，天子就是国家，国家是一个人的大家，所谓普天之下莫非王土，率土之滨莫非王臣。即便如此，还得有一个象征性的载体，这个载体就是鼎。

鼎是烹煮食物的炊具，其主要功能是烹煮食物，与悠久的农业文明息息相关，可以说是农业文明的象征，在中华文明当中占有十分重要的地位，是国家、天命和权力的象征。[①]中华文明5000年，黄帝是第一位首领，也是中国铸鼎的第一人，《史记·封禅书》记载："黄帝作宝鼎三，象天、地、人。"《汉书·郊祀志》又说：黄帝铸九鼎，九鼎者"象九州"。九州，开创了中国人在上古时期对自然的认识和理解的新纪元，代表着中华大地，问鼎天下、鼎足三分、一言九鼎便是最好的诠释。

---

① 徐日辉：《鼎文化与七千年前甘肃饮食说略》，载《饮食文化研究》，黑龙江科学技术出版社2009年版。

第一节　问鼎天下

说到鼎，人们首先想到的是"问鼎中原"。问鼎中原出自《史记·楚世家》的记载："周定王使王孙满劳楚王。楚王问鼎小大轻重。"楚庄王想统一天下，有意询问周定王的使臣鼎有多大，简简单单的问鼎轻重一句话，充分暴露出楚庄王问鼎天下的野心。

鼎是国家的象征，极其神圣，但是只有九鼎才能真正代表国家和王权。九，数量词，在奇数中最大，由奇数排列的三角形或者说金字塔形，最顶端的正是一。从这个意义上讲，一就是老大。古代的王、天子就是天字第一号，便是老大。与一相配合的除了九之外，还有一个数，那就是五。五位于一和九的中间，于是乎"九五至尊"便成为天子的代名词，不能更改。

一、猜想铸鼎塬

中华文明源远流长，在肇启中华文明的过程中，炎帝和黄帝有着杰出的贡献，是今天华夏汉民族的始祖。

炎，指炎帝神农氏；黄，指黄帝轩辕氏。炎帝距今在7000~5000年之间，黄帝距今在5000~4500年之间，他们分属于各自不同的时代。[1]我们中国人经常骄傲地说中华文明5000年，而5000年的起始点正是黄帝。所以伟大的历史学家司马迁在《史记·五帝本纪》中的第一句话就是"黄帝者少典之子，姓公孙，

---

[1] 徐日辉：《伏羲文化研究》，中国教育文化出版社2005年版，第174页。

名曰轩辕"。以黄帝作为中国第一个国家首领开始序列历史,是中华民族大一统历史观的充分反映,体现了中国的历史学从一开始就是以一元论为前提和构架的文化特色。

经过学者们多年的研究和中华文明探源工程的结题,黄帝已逐步逼近真实。古往今来的学者都认为黄帝是草创国家的第一人,而且铸鼎以为标记。鼎代表着四方大地,代表着国家和最高权力,代表着世间的一切。黄帝三鼎颇为神秘,虽然流传有序,却几伏几见。据说在汉武帝时又一次出现,并被视为大吉之兆。

黄帝铸鼎是天下大事,具体地点一般认为在河南省三门峡市灵宝的铸鼎塬(见图3-1-1)。从自然环境考察,距今5000年前的灵宝一带气候温暖,平均气温高于现在2~3℃,有大面积的森林、水草和沼泽,生活着各种亚热带动物、鱼类以及大量的植物,生态环境优越,物种多样。

图3-1-1　河南省三门峡市灵宝的铸鼎塬

考古发现,铸鼎塬周围不同时期的与黄帝文化相关的遗址特别丰富,现已发现的就有30余处。其中最著名的就是河南省三门峡市西坡考古遗址的发现,面积超过40万平方米,距今在5800~5300年之间,发现了距今5500年前仰韶文化时期人工开采的铜矿石,是中国首次发现人工开采铜矿石的地方。作为中华文明探源工程的重要遗址,灵宝西坡遗址发现了面积从270平方米到516平方米的特大型宫殿式的房屋建筑,为我们进一步认识黄帝在铸鼎塬一带铸鼎提供了新的科学依据。

另外,这里还有黄帝陵、黄帝庙、黄天塬以及民间流行的鼎湖锣鼓等民风民俗。其中始建于西汉武帝时期的黄帝庙,以及唐贞元十七年(公元801年)所立的《唐轩辕黄帝铸鼎原碑铭并序》等,尤为重要。

黄帝之所以称黄者,是因为黄从田,土地的颜色为黄,我们的祖先崇拜黄土,以"黄"为贵,以"黄"为尊,生于黄土,葬于黄泉,中国人离不开黄土,时至今日依然如此[①]。长期以来中国人崇尚黄色、崇拜黄色,自称为黄帝的后代,究其原因,正在于此。

二、九鼎与九州

夏朝是我国第一王朝,距今已有4000多年的历史。大禹建立夏朝是凭借自己的真本事,通过与父鲧两代人治水的业绩才被社会认可继而被推上政治舞台。

大禹治水既是人类征服大自然的自信心的表现,又是中华民族的骄傲和象征。尤其是他公而忘私的精神可以说是家喻户晓妇孺皆知,至今激励着每个中国人奋发向上。

大禹治水是举全国之力的一项综合性大工程,包括人力物力的调动和生产工具的分配。据推算当时的人口约240万~270万[②],完全可以保证治水的需要。另外,大禹治水能够成功,在很大程度上与当时已出现的青铜业有关,而这一点恰恰被以前的研究者所忽略。所以有专家认为:"进入夏代可以说是中国进入到早期青铜时代。青铜器铸造可以说是当时一种高科技手工业,也是对社会发展起到重大作用的一项科学技术。"[③]现藏于甘肃省博物馆的"四

---

① 徐日辉:《"史记·五帝本纪"之黄帝考疏》,载《逐鹿中原》,陕西人民教育出版社2006年版。
② 宋镇豪:《夏商社会生活史》,中国生活科学出版社1994年版,第100–107页。
③ 许湛顺:《夏商周三代的王国文明》,载《河洛文化与殷商文明》,河南人民出版社2007年版,第270页。

羊首青铜权杖头"（见图3-1-2），出土于玉门市的火烧沟遗址，距今3900~3600年，在考古学上被称为火烧沟文化，是我国夏代最先进的文化之一，尤其是冶铸青铜的技术最高，完全可以与二里头文化相媲美。

权杖头是权力的象征，在古代的两河流域和埃及都有发现，直到今日，在非洲一些部落还在使用权杖头。四羊首权杖头突出四只羊头，与火烧沟的羌文化属性相关。羌，中国最古老的民族之一，也是中华民族的主要民族之一。距今4000年前主要分布在今天西部地区的甘肃省、青海省，包括陕西省、宁夏回族自治区、四川省、新疆维吾尔自治区等地，社会经济早期以畜牧业为主。所以，《说文》称："羌，西戎牧羊人也。从人，从羊，羊亦声。……西方羌从羊。"《风俗通》说："羌，本西戎卑贱者也，主牧羊。"羌从羊，与羊为伍。说明古羌族的日常生活是以畜牧业为主、农业生产为辅[①]。四羊首青铜权杖头的发现，表明夏王朝的国家权威与个人权威是真实存在过的，绝非后人的杜撰。

夏朝青铜器是文明的最大亮点之一，据《左传·宣公三年》记载："昔夏之方有德也，远方图物，贡金九牧，铸鼎象物，百物而为之备，使民知神奸。故民入川泽山林，不逢不若。螭魅罔两，莫能逢之，用能协于上以承天休。"是说大禹让九牧之长捐献铜料，为各州铸造代表当地政权的标志青铜鼎，并在鼎上刻画重要的人事鬼神百物等图形提升人们对国家的认识，以顺应时代的发展。

图3-1-2　四羊首权杖头（甘肃省玉门市出土）

---

① 徐日辉：《略论〈牧誓〉八国之西蜀"羌"》，载《史记论丛》第十三集，中国文史出版社2016年版。

虽然我们今天不知道文献记载的是哪一个鼎,但是从考古发现看,夏王朝时期确实存在青铜铸造鼎的历史,上海博物馆收藏有一件夏朝的青铜鼎(见图3-1-3),该鼎高16厘米,口径19厘米,残一耳。因鼎腹饰一周粗疏的斜角云纹,故称"云纹鼎",可作为夏代早期鼎的代表。

从上海夏鼎云纹的装饰分析,证实了当时在鼎上刻画各种式样的花纹和图案是完全可信的,应该是真实的记录。目前在国内发现的夏鼎不多,但每一件都弥足珍贵。虽然考古不可能进行地毯式的发掘,不过我们相信,总有一天会看到更多更精美的夏代青铜鼎。

图3-1-3　云纹鼎(上海博物馆藏)

鼎是什么?鼎就是锅,煮饭用的锅,如图3-1-4所示。鼎是日常生活中烹煮食物的见证,没有锅就无法做饭,没有饭吃国家就不稳定。中国最常问候人的一句话就是"吃了吗",原因即此。事实上,贵族们使用的青铜鼎主要用来煮肉,成语大烹五鼎即是,而广大老百姓更多的则是使用陶鬲煮饭,艰难度日维持生命。

鼎最初的功能主要与悠久的农业文明息息相关,可以说是农业文明的象征,当然还应该包括采集和渔猎。

大禹时期已经有了国家地理的概念,《史记·封禅书》记载:"禹收九牧之金,

图3-1-4　鼎底部长期烧火留下来的烟炱

铸九鼎。皆尝亨鬺上帝鬼神。"他根据前人的知识和自己治水过程中的考察所得，分天下为九州，即冀州、兖州、青州、徐州、扬州、荆州、豫州、梁州和雍州。其范围大体为今天的：河北、山西、山东、安徽、江苏、浙江、湖北、湖南、江西、河南、四川、陕西、甘肃、宁夏、内蒙古、辽宁等地，同时还记载了九州之内各区的物产、风俗、山岭、河流、薮泽、土壤、贡赋以及交通道路等。

虽然九州没有今天中国的版图大，却切切实实地代表着当时人们对中国大地的认识。"九鼎"与"九州"匹配，象征着祖国的每一个地方都有"锅"，都有饭吃，这才是"九鼎"的真正含义。① 大禹是夏王朝的开国之帝，夏朝是中国的第一个王朝，而大禹所铸的九鼎亦称为大禹鼎，并作为国家象征。问鼎天下由此开始。

三、周人的实践

周本是农业民族，原居于甘肃省东部的陇东高原，后来在古公的率领下从豳（今陕西省郴州市），迁至岐，即陕西省扶风、岐山一带，并营建于岐山之周原，开始了新的发展阶段。周原是一片肥沃的土地，加上气候湿润雨量充沛，在古公的开拓下，成为当时农业最发达的地区。《诗·大雅·绵》称"周原膴膴，堇荼如饴"，赞美肥沃的周原，连长出的野菜也甘甜可口。在农业经济的支持下，古公吞并了周围的一些部落，成为西方一个很有势力的集团。

公元前1046年1月20日，周武王率领"诸侯兵会者车四千乘，陈师牧野"（《史记·周本纪》），双方大战了一天，血流成河，甚至连拼杀用的木杵都浮了起来，死伤不计其数，最后由于商朝军队临时倒戈，才使周武王一举打败了殷纣王，推翻了商朝的残暴统治，建立了分封制的周王朝，历史翻开了新的一页。

武王克商是不争的事实，但是具体是哪一天历史上并没有明确的记载，

---

① 徐日辉：《鼎文化与七千年前甘肃饮食说略》，载《饮食文化研究》2009年上，黑龙江科学技术出版社2009年版。

图3-1-5 利簋（陕西省临潼县零口乡出土）

成为长期以来争吵不休的公案。1976年陕西省临潼县零口乡（今临潼区零口街道）西段村出土的利簋（见图3-1-5），解开了这一千古之谜。

利簋高28厘米，口径22厘米，四方座，长、宽各20.2厘米。圈足方座，双耳，耳上有兽头，兽头的双角高出器口，饰有饕餮纹和夔纹。

利簋底内铸有4行33字铭文（见图3-1-6），其中有"珷征商，唯甲子朝，岁鼎克昏夙有商。辛未，王阑在师，易有吏利金，用乍檀公宝尊彝"①。珷，即是武，易为赐，乍为作，檀为施，阑师为地名（在今河南省郑州市西郊一带），有吏为右史，是官职，利是人名，金就是铜，又名恶金。

铭文虽然只有简单的33个字，却价值非凡，极其珍贵，它记录了中国历史上一次重大的历史事件，即"牧野大战"，并且明确了具体的时间段，是在公元前1046年1月20日，这一天正是甲子日，早上周武王率领军队攻击商纣，经过一天的战斗，晚上便占领了商都。印证了《尚书·牧誓》中甲子日周武王率领庸、蜀、羌、髳、微、卢、彭、濮等8部落参战克商的记载。

利簋记载的是周武王在克商之后的第七天

图3-1-6 利簋铭文（拓片）

---

① 吴镇烽：《陕西金文汇编》，三秦出版社1989年版，第774页。

在阑师这个地方举行庆祝活动，奖励参战的有功人员，其中就有这个叫作"利"的人，并且得到了周武王的赏赐。利受到奖赏之后，便制作了这件簋，记载了自己跟随周武王克商的功劳，并以此祭奠自己的祖先。

商朝的垮台是必然的，因为殷纣王的暴虐已经引起了人们的反抗，周武王顺应历史的潮流取而代之非常正常。周人之所以能取代强大的商朝，关键就在于得民心顺民意，而利簋的发现证实了周人在践行大禹以德治国的理念。

20 世纪 70 年代以来，陕西省周原考古队又在岐山县与扶风县之间，发现了周长 60 里的都邑遗址及西周早期大型宫殿建筑遗址，以及周文王时期的西周甲骨文，特别是最近十几年来在岐山县周公庙的重大发现，可以证实周初完善的政治制度（包括礼制），尤其是嫡长制的创立，保证了王权有序地传承，避免了因争夺王位而产生的血腥内讧。

周武王克商之后没有铸造大型的青铜鼎，而是把象征天下的九鼎被迁到了洛邑（河南省洛阳市），作为成周号令天下的标志。因为周灭商后，政治不稳，特地营造了洛邑以威慑东方。而历史上把周武王迁大禹九鼎经过的城门称之为定鼎门，也就是洛阳市南垣正门。定鼎门从隋大业二年（公元 606 年）正式启用开始，历经经过唐、后梁、后唐、后周直到北宋末年废弃为止至，长达 530 年间之久，是中国沿用时间最长的古代都城城门。

利簋是目前确认的最早的西周青铜器，其珍贵的文献意义已经超出了器物的本身，利簋现藏中国国家博物馆，被称之为中国九大镇国宝贝之一。

第二节　王权祖先

王与权是无缝对接的整体，王一旦失去了权力，就不能称其为王，因为他已经失去了王代天发号施令的权力。王权的旁落便意味着王朝的解体，为了维护王权，在历史曾经上演出了许多血淋淋的惨剧。由于王权来之不易，所以后辈儿孙们往往通过宣扬祖先的丰功伟绩，追思先人的文治武功来威慑天下，借此提高自己的合法性与执政信心。

一、武丁传奇

无论是学习还是考察或者说观赏中国的青铜器，河南省的安阳市是首选的目的地之一。安阳是我国著名的八大古都之一，商朝从第 11 位王仲丁开始至商王盘庚，5 代 9 王迁徙了 5 次，到了公元前 1300 年时商王盘庚将都城由奄（今山东省曲阜市）迁至今天的安阳小屯，曰殷。从此传 8 代 12 王，直到帝辛灭亡，长达 250 多年。安阳是商王朝最后的都城，对于中华文明的发展有着极为重要的地位，特别是甲骨文和大量的青铜器的发现，填补了历史记载的空白，意义非常重大。

商人定都安阳 50 年之后，出现了一位叫作武丁的商王，他在位 59 年（公元前 1250 年~前 1192 年），为商王朝的发展做出了重要的贡献，也为我们留下了甲骨文、青铜器等一大批极其珍贵的实物资料。

武丁时期是有商一代最强盛的时期，这与武丁本人的改革有关。机缘巧合的是，一件与鼎相关的事情，促成了武丁洗心革面的改革行动。据《史记·殷本纪》记载："帝武丁祭成汤，明日，有飞雉登鼎耳而呴，武丁惧。祖己曰：'王勿忧，先修政事。'……武丁修政行德，天下咸欢，殷道复兴。"雉，祭祀野鸡，汉朝刘邦老婆吕后的名字就叫作雉。飞雉，即是突然飞来了一只野鸡。

历史记载说，武丁最初并不是一位好的王，直到有一次在祭祀祖先的前一天，有一只野鸡落在了祭祀用的鼎上，并且连续叫了几声。武丁非常害怕，就向大臣祖己咨询，祖己劝告武丁一定要重修德政才能使国家富强长治久安。从此以后武丁奋发图强，他在祖己、傅说等一干大臣们的精心辅佐下，共同努力，终于使"武丁中兴"成为现实。

其实，武丁祭祀祖先用的是一只大号的青铜鼎，里边已经盛满了祭祀用的食物，散发着扑鼻的香味，在香气四溢之下才引了来野鸡的光顾。

现藏于中国国家博物馆的商朝乳丁纹青铜方鼎（见图 3-2-1）就是典型的祭器。方鼎高 100 厘米，口长 62.5 厘米，口宽 61 厘米，重 86.4 千克。

图 3-2-1　乳丁纹方鼎（河南省郑州市出土）

乳丁纹鼎 1974 年出土于河南省郑州市，是目前已知的商朝前期最大的青铜鼎。此鼎最大的特点是高耳短足，耳和足的高度几乎相当，显而易见不适用于烧火烹煮食物，除非是将双耳吊起来。即便是盛放熟食也不大方便，尤其是放在王的眼前，过于庞大，遮蔽商王的视线，是为不敬，因此，在举行盛大宴会时也未必实用。另外，中国人吃饭的习惯，在唐朝以前是分餐制，所以食物都是加工熟之后一一分配到每个人，而加工熟食的地方与宴会厅是不允许连在一起的。

虽然此大方鼎不能对应武丁祭祀用的鼎，但体量如此巨大的青铜器，在当时的情况下只能是王室的器物，其最大的功能是放在飨堂，祭祀上天和列祖列宗，却与武丁的故事颇为相合。

繁荣富强的武丁时期，为我们留下了大量的物质财富和精神财富，其中甲骨文就是瑰丽的国宝，今天我们所看到的商代甲骨文中就以武丁时期为最多。

而司母戊鼎和司母辛鼎能够在这一时期铸造出来，其国力的强盛大更是不言而喻。

二、巾帼英雄

在中国历史上一位名不见经传的一女人，却带走了近2000件的陪葬品，其中包括468件重达1600千克的青铜器、来自新疆等地的玉器755件、石器63件、各种各样的宝石器47件、不同动物的骨器564件、传统陶器11件等，以及7000多枚海贝，还有殉人16名，殉狗6只。听起来有点吓人，也有些不可思议。但这是考古发现，是真真切切的事实。她就是中国第一位巾帼英雄——妇好。

妇好是武丁三位重要女人之一，分别为司母戊、司母辛和癸，其中司母辛就是妇好。妇好墓位于河南省安阳市小屯村西北，1976年考古发现。妇好墓上建有母辛宗的享堂，墓深达7.5米，所以没有被盗掘，从而使我们看到了一个完整的商朝王后的生活场景，意义十分重大。其中部分青铜器堪称精品，尤其是现藏于中国国家博物馆的一对四足司母辛青铜觥（见图3-2-2），可圈可点。青铜觥其中的一件高36厘米，长46厘米，重8.5千克；另外一件高46.5厘米，长47.4厘米，重8.4千克。司母辛与妇好是同一个人，妇好是生前的称谓，辛是庙号。

司母辛青铜觥四足有盖，造型头部像马，整体又像牛。觥是酒器，商代向以发达的商业贸易而著称，商人走遍天下，交流四方，上至王室下到一般平民，形成了

图3-2-2　司母辛青铜觥（河南省安阳市小屯村西北妇好墓出土）

一股风气，最迟在高祖王亥时期就已经非常发达。[①] 商人善于交易买卖，他们以酒为媒广结善缘寻求商机，历史上多有记载。妇好青铜觥的发现不但证实了当时的男人嗜酒如命，而且女人同样好喝善饮，特别是上层社会的女人。

另外，同时出土的还有一对妇好青铜鸮尊，也是酒器，现藏中国国家博物馆（见图3-2-3）。一件高49.5厘米，重16.7千克；另外一件高46.3厘米，重16千克，因内壁铸有"妇好"而名。

图3-2-3 妇好青铜鸮尊（河南省安阳市小屯村西北妇好墓出土）

此鸮尊造型像一只鸱鸮，但又长着兽面，特别是喙宽大厚实，确实是一只凶猛异常的鹰鸮。作为陪葬品酒器的尊，铸造成猛禽的形象，出现在宴筵之上难免令人顿生敬畏，究其原因就在于妇好是一位勇猛的将军。根据《库方二氏藏甲骨卜辞》记载，武丁曾经征兵1.3万人，由妇好统领去讨伐羌人。

作为妇好为军事首领见证的，是妇好墓出土的两件大型青铜钺（见图3-2-4），现藏殷墟博物馆。右边一件饰有龙纹，长39.3厘米，刃宽11.8厘米，重8.5千克。左边一件是饰有虎纹和食人头造型，重9千克，上面刻有铭文"妇好"二字。

钺这种兵器形制近似于斧，但钺刃呈新月弧形，更为宽大。《史记·殷本纪》中有"汤自把钺以伐昆吾"的记载，可见其历史起源十分久远。早期的青铜制钺仿照石钺形制，是由新石器时代的石斧演化而来，属长杆兵器，以劈砍为主，

[①] 徐日辉：《由殷墟甲骨文探讨商代旅游文化》，载《河洛文化与殷商文明》，河南人民出版社2007年版。

具有一定的杀伤力。相比于杀伤武器的功用而言，钺更多地被用来作为权力的象征，类似于西方早期权杖的功能。

图 3-2-4　妇好青铜钺（河南省安阳市小屯村西北妇好墓出土）

妇好可以说是我国古代历史上第一位女将军，她本人既是带兵征战的将军，又是商王武丁的妻子。她曾经带兵出征，而且屡战屡胜。这两件大型青铜钺作为妇好的专属武器，只能是象征她权威的礼器，也符合妇好作为将军的身份。

由于钺作为兵器十分笨重，不易灵活使用，杀伤力比起刀矛而言更为有限，而逐渐成为礼兵器，西周晚期基本上退出了历史舞台。

研究表明，妇好是一位了不起的人物，对照甲骨文关于她的记述，使我们知道妇好对于武丁一朝的强盛做出了巨大的贡献。她在指挥对外战争时是威风凛凛的大将军，她主持祭祀时又是上通下达的大巫，她主持国家政务时依然是杰出的管理者。妇好毕竟还是一位母亲，遗憾的是她在分娩时不幸死亡。然而所幸的是她享受的庙号和陪葬品，成为今天人们了解3200多年前史实的珍贵资料和历史见证。

三、慎终追远

慎终追远与敬天法祖是中华民族的优秀传统，不是今天才有的。国之大事，在祀与戎，中国古代有一个非常重要的节日，叫作寒食节，时间在冬至后的 105 天，即清明节前的一两天。寒食节又叫禁烟节，据说是为纪念春秋时期的义士介子推的。晋国的晋文公重耳在没当上国君之前，由于君位的问题，被迫流亡于诸侯之间，长达 19 年，饱受人间沧桑。而介子推在重耳最困难的时候曾经把自己身上的肉割下来让重耳吃。后来重耳回到晋国当上了国君即晋文公，照例要论功行赏，而随行者个个都得到了奖赏，介子推却悄悄地离开了晋文公，过着隐居的生活，死后埋葬在山西省的介休绵山。晋文公知道以后非常后悔，就改绵山为介山，并且在此立庙祭祀，同时还规定在介子推死的这一天不准生火做饭，所以称之为禁烟节，但允许吃冷食，因此又叫作冷节、寒食节。关于介子推死的方式有多种版本，不过，寒食节与他相关是通行的说法。

寒食节在魏晋南北朝时期曾经一度规定 5 天不许生火做饭，后来改为 3 天。自唐代起，寒食扫墓成为法定习俗。唐朝法律规定，将清明与寒食禁火、扫墓的传统习俗结合起来，并规定放假 7 天，长于今天国家清明节放假 1 天的规定。

考察青铜器的铭文，有相当一部分与感恩天子、诸侯王和歌颂祖先的慎终追远息息相关。我国最早祭祀前辈的青铜器，而且是有铭文确切记载的当数商朝著名的司母戊鼎和司母辛鼎。司母戊鼎和两件司母辛鼎，是武丁的儿子祭祀母亲的祭器，堪称中国慎终追远的第一鼎。

司母辛鼎（见图 3-2-5），1976 年出土于安阳小屯村 5 号墓，一对两件长方鼎。一件现藏河南省安阳市殷墟博物馆，另一件收藏在中国社会科学院考古研究所。

殷墟博物馆所藏的司母辛鼎高 80.05 厘米，口长 64 厘米，口宽 48 厘米，重 128 千克。鼎立耳，长方口，

图 3-2-5　司母辛鼎（河南省安阳市小屯村 5 号墓出土）

立足，雷纹做地，饰有兽面纹，雄伟壮观，因鼎内壁铸有"司母辛"三字而名。司母辛鼎的主人是武丁的妻子妇好，死于武丁当世，辛是她的庙号，母辛则是儿子辈对母亲的称谓，与司母戊鼎一样。

司母戊鼎和两个司母辛鼎，硕大无朋，其铸造的目的只有一个，就是儿子祭祀已故的母亲。武丁的儿子不惜成本为其母亲铸造大鼎，肯定得到武丁本人的同意，否则如此耗费国力的大事即便是想尽孝也难遂其愿。另外，从铸造技术而言，方鼎、长方鼎的工艺要比圆鼎复杂得多，因此，在距今3200年前铸造如此宏伟的庞然大物，除了王室之外别无二家，即便是王室也很难保证件件成功。所以收藏界有句行话，叫作一方顶十圆，说的正是这个道理。

青铜在当时属于贵重金属，社会下层的老百姓未必能见得到，这从一个侧面反映出商朝通过王子对母亲的敬重，以王室的孝行为榜样，教化民众维护王权。不过，武丁的儿子们以身作则的行为却称得上是中国慎终追远的开拓者。

作为慎终追远的实物，1959年在安阳市后冈祭祀坑出土了一件称之为戍嗣子的青铜鼎（见图3-2-6），现藏中国社会科学院考古研究所。鼎高48厘米，口径长39.5厘米，宽34.5厘米，腹深24.6厘米，重21.5千克。三足双立耳，饰有夔龙纹和兽面纹。

戍嗣子鼎内壁铸有铭文3行31个字。具

图3-2-6 戍嗣子鼎及铭文
（河南省安阳市后岗祭祀坑出土）

体为:"丙午,王赏戍嗣子贝二十朋,在□□用作父癸宝□唯王□□大室,在九月,犬鱼。"朋在商朝是贝币,是用于交换的钱,五贝一系,两系一朋。朋友最初与钱相关,本意也并非是友谊。

铭文的意思是说商王在某一年九月丙午的这一天,与大臣们一起在宗庙里的大殿里边举行活动。期间曾赏赐给戍嗣子二十朋贝(币)。戍嗣子受宠若惊,感恩戴德,于是就做了这件祭祀父亲的青铜鼎。犬鱼,应该是戍嗣子家族的族徽。

如果说司母辛鼎在王子祭祀母亲之外,还含有向武丁献殷勤卖乖别有企图的话,那么,戍嗣子在受到王的赏赐之后念念不忘已故的父亲,应该是孝心的表现。尽管两个鼎的规制大小相差甚远,但慎终追远的亲情真情却是相同的。百善孝为先,值得赞许。

考古学向今天的人展示了一个不争的事实,大量的青铜器并非生活用品,而是地地道道的祭器,它们个个体形硕大,工艺精美,完全不适用于日常饮食生活的需要,只能是放在庙堂作为祭器用于祭祀。随着社会的发展,人们在祭拜先人慎终追远的同时,更加关注现世,关注人间烟火,散发人情温暖。今天国内每年清明节祭祀黄帝举行大典,已经成为中华民族最隆重的节日。

第三节　吴钩寒月

战争是人类相互残杀的行为,从古至今延绵不绝,人类似乎没有办法阻止战争。中国古代战争频发,大大小小的战争不计其数。为了争夺生存空间,战争成为古人与祭祀同等重要的大事。古代决定战场上胜负的基本要素是人和武器,因此在相当长的一段时间内,锋利的青铜兵器被视为克敌制胜的法宝。所以闻名天下的湛卢剑、太阿剑、干将剑、莫邪剑以及吴王剑等,便成为人们梦寐以求的宝物。

一、魔鬼驱动

战争与和平是贯穿整个人类历史的主线，用战争保卫和平，或用战争来破坏和平，人类就是在这种反复当中不断演化发展。《孙子兵法·始计篇》第一句就开宗明义强调："兵者，国之大事，死生之地，存亡之道，不可不察也。"武器作为战场格斗的必需品，历朝历代各种各样的"兵器"被运用在战场之上大显神威，同时也伴随着社会的前进而不断地发展变化。在战争和兵器发展过程当中具有非常重要地位的青铜军事器，既包含了青铜兵器又包括其他为战争服务所设计的器具，比如车马器、盔甲、军礼用具等等。在了解与欣赏的过程中感受这些丰富多样的军事器物，能为我们描绘出青铜器在战争中的迷人风采。

说到青铜宝器与战争的关系，有意思的是用青铜铸造的鼎，同样要用青铜铸造的兵器来夺取，而这些兵器又会被熔铸成象征权力的鼎。相同的青铜材料在"分而为众、合而为一"的变化过程中反映出历史的变迁。

战争意味着破坏和死亡，没有真正的赢家，即便是胜利一方也要付出很大的代价。所谓"折戟沉沙铁未销，自将磨洗认前朝"。无论是保存至今的还是考古发现的青铜兵器，带给我们的都是难以忘却的历史记忆。

青铜兵器种类繁多，长兵器主要有矛、戈、钺三种，短兵器以剑、刀和匕等为主，还有大量的远射兵器弓弩箭矢等。

青铜矛是除了青铜戈之外，最为常用的青铜兵器。目前中国年代最早、体量最大的青铜矛，出土于青海省西宁市的沈那遗址（见图3-3-1），矛长61.5厘米，宽19.5厘米，矛叶宽大，圆銎上置倒钩，以增加矛的刺杀功能。沈那青铜大矛属于齐家文化时期，距今已有4000年左右的历史，是不折不扣的中国青铜兵器之最。

在满天星斗式的中国青铜文化发展历程中，青海省是国内为数不多的几个延续了5000年青铜文化的省份。青海省有几个"最"值得关注，一个是中国最早出现青铜器的地区，一个是出土了中国最早的青铜镜，另一个就是这件青铜矛。如此巨大的青铜矛显然不是用于实战的，而是权力的象征、地位的标志，更是部族战斗力的彰显。

矛是历史上运用最为广泛，装备时间最长的冷兵器之一。人类在原始社会时为了提高狩猎的成功率，便使用石器削尖树枝木棒，这就是矛的雏形，后来在长杆上用金属镶尖就成了矛。

青铜矛属于长柄武器，一般双手握持，用来刺杀敌人。矛头的中部叫作"脊"，以脊为中心向左右两边展开并向前汇聚为尖部，两边都带刃。脊的两侧有凹槽，这种凹槽俗称"放血槽"（见图3-3-2）。骹，人胫骨近脚处较细的部分，即镶矛部分。此件为江西省新干县大洋洲出土的短骹长叶形青铜矛，就有蕉叶状的血槽，并且显有朱红色，出土时在前端叶部有包扎过的痕迹，应该是战场上使用过的兵器。放血槽顾名思义就是为加大伤口创面增加创口放血量，导致敌人出血过多而死的凹槽。

矛作为冷兵器当中的长杆兵器，长的有超过5米，但一般在3米左右最为便利。矛最初在战车上大量使用，以冲击对方破坏阵形，其后步兵在交战中使用，往往也是冲锋在前。矛不仅仅在我国广泛使用，世界各国都有类似的兵器。著名的古希腊"马其顿"方阵，就是以步兵使用长矛，组成方阵排列在靠前的

图 3-3-1　青铜大矛
（青海省西宁市沈那遗址出土）

图 3-3-2　短骹青铜矛
（江西省新干县大洋洲出土）

位置向外突出，并辅之以盾牌加强防守。这种长矛阵法进可攻退可守，有着巨大的杀伤力。

商周时期两军交锋以阵地战为主，双方部队列开阵势然后进行厮杀。兵书《司马法·天子之义》中记载："虽交兵致刃，徒不趋，车不驰，逐奔不逾列，是以不乱。"即使在两军相交冲锋之时也要注意行列整齐，步兵和战车追击时也不能奔驰，保持战斗队形，一旦阵型打乱那将成为一盘散沙，就无法抵挡阵型完整的敌人攻击。

与长杆兵器相比较，镞就是最小的短兵器。青铜镞是由新石器时代的石镞延续而来，镞又称为箭，由弓和弩机发射，射程从几十米到100多米不等。镞一旦射中人的关键部位，同样有生命危险，如河南省安阳市殷墟出土的镞与人头（见图3-3-3），活生生地为我们再现了战争的残酷性。可怜的兵士，在此愿你的灵魂安息吧。

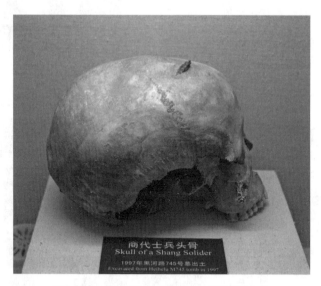

图3-3-3　镞与人头（河南省安阳市殷墟出土）

战场上镞的作用就是阻止敌人前进的速度，确保本军的稳定。尤其是在掩护大军撤退的时候，作用特别关键。

箭矢虽小同样也在不断变化，从春秋到战国，就种类而言，有稍长的纺锤体形，有扁长两边带翼的，还有长度较短类似圆锥体的箭镞。不同的箭矢杀伤力和飞行距离及飞行的稳定性是不同的，扁长两边带翼的飞行中较为稳定，带倒刺的利于放血，圆锥体形制的杀伤力更大。发展到秦国时期，秦军将这些箭镞的优点加以结合，研制出了三棱锥形箭镞。这种箭头三个棱脊长度几乎完全相等，可以飞行得更远更平稳，且杀伤力极大，如河南博物院收藏的青铜镞（见图3-3-4），可视为标本。现代兵器专家通过对秦军箭镞的分析研究发现，其形制和杀伤效果已具有极强的穿透能力和创伤能力，这种流线型箭头减小了空气阻力，射击更为精准，已经具备了现代子弹的许多特点。正是这些青铜"子弹"加上先进的秦弩，使秦军弓弩手和骑兵拥有了称雄当时的资本，成为各国军队的梦魇。

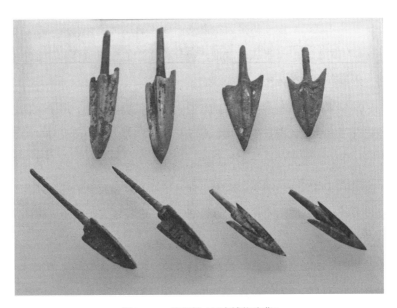

图3-3-4　青铜镞（河南博物院藏）

在阵地战为主的交战方式下，长短兵器在战争中相互配合，各具作用。《司马法》中提出"长以卫短，短以救长"的兵器运用原则。进攻时前排的殳矛长杆兵器给予对方阵型破坏和人员的伤亡，但是作用有限。利用戈戟这样有刃的兵器可以切击敌人，加强作战灵活性和杀伤力。作战兵器使用的原则就是长短配合，短兵器在阵型中处于相对靠前的位置，发挥短兵器锋利灵活的特点，加大攻击的杀伤力，长柄兵器在后排帮助抵御，给予前排支持，这正是阵地战中兵器配合的精要所在。

二、卧薪尝胆

常言道人生不过百年，而数千年前的青铜器能够流传至今谈何容易。之所以珍贵，因为每一件流传下来的青铜器物背后都有着独特的历史记忆。以"宝剑配英雄，红粉赠佳人"为例，宝剑与红粉、英雄和佳人组合的本身就是故事。剑作为百兵之君，在古代不仅仅是兵器，而且是社会活动中地位的象征，内含着极为深厚的历史。说到宝剑的起源，有一种说法是《管子·地数篇》中记载的："昔葛天卢之山，发而出金，蚩尤受而制之，以为剑铠，此剑之始也。"蚩尤，这位中国上古半怪半人的战神，极其勇猛，他在与黄帝的战斗中率先使用了剑，让黄帝吃尽了苦头。

剑的原型来源于我们今天所说的匕首，它比较短小锋利，既是吃肉用的餐具又是防身用的战斗武器。剑一开始并没有我们今天生活中所见到的那么长，因为青铜材质的限制和锻造技术等问题，剑如果制造得太长，就会变得很脆，在实际使用的过程中容易断裂，效果不佳，所以一开始青铜铸剑都比较短。随着技术的发展，春秋后期才开始流行长剑，这一进步还要归功于吴越两国。

春秋时期吴越两国在兵器铸造方面最为先进，可以说是首屈一指、独占鳌头。考古发现，青铜铸造虽然不是越国的发明，但越国在发展青铜技艺的过程中逐渐形成了突出的地方性特点，尤其是青铜剑和戈，质量上乘，享誉列国。《庄子·刻意篇》称赞道："夫有干、越之剑者，柙而藏之，不敢用也，宝之至也。"根据《越绝书》记载，越王勾践有5把绝世的宝剑，其名称为湛卢、巨阙、鱼肠、纯钧、胜邪，据说全部为铸剑大师欧阳子所铸，与流传千古的太阿剑、干将剑、莫邪剑、轩辕剑等，共为世所罕见的宝物。

今湖北省博物馆收藏有一把举世闻名的青铜宝剑，这便是越王勾践剑。越王勾践剑出土于湖北省江陵县望山1号楚墓，属春秋晚期。剑通长55.7厘米，

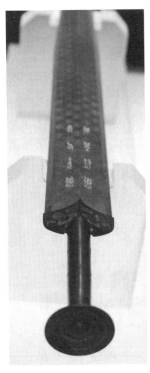

图 3-3-5　越王勾践剑
（湖北省江陵县望山 1 号墓出土）

宽 4.6 厘米，柄长 8.4 厘米，重 875 克。宝剑不腐不锈，十分完整，剑身上刻有鸟虫书铭文"钺王鸠浅"和"自乍用鐱"共 8 字（见图 3-3-5），表明该剑是越王勾践自用的剑。宝剑出土时稍经擦拭便显出逼人的森森寒光，其刃部极其锋利，几乎达到了吹毛断发的程度，令人叹为观止。

历史上围绕越王勾践流传着不少家喻户晓的故事，既有冲锋陷阵的勇猛，也有能屈能伸的韬光养晦。如今，跨越千年的越王勾践剑，陈列在博物馆中，散发出锐利光芒，似乎在诉说着它的主人勾践卧薪尝胆的屈辱，讲述着吴越相争的一段历史。

今天我们能够看到的越王剑有：越王勾践剑、越王者旨於睗剑、越王不寿剑、越王州句复合剑和越王亓古错金青铜复合剑。越王勾践剑现藏湖北省博物馆，越王者旨於睗剑一共出土了 11 把，其中浙江省博物馆收藏 1 把（见图 3-3-6）。其余分别为北京市、上海市、安徽省以及台湾地区私人收藏；其中越王不寿剑为台湾地区私人收藏，越王亓古错金青铜复合剑现藏于海南省博物馆，越王州句复合剑现藏于浙江省博物馆。

图 3-3-6　越王者旨於睗剑及剑格细部（浙江省博物馆藏）

越王者旨於睗生活在战国时期，公元前 464~ 前 459 年在位。浙江省博物馆收藏的越王者旨於睗剑是目前所发现的 11 把当中保存最为完好的一把。剑通长 52.4 厘米，中起脊，圆茎实心，有丝质物缠绕。剑格两面铸有两行 8 字鸟篆铭文，正面为：(越)王戉(越)王，背面为：者旨於睗。"者旨"读音为"诸稽"。该剑为青铜铸造，极其锋利，以黄白色而独领风骚。

另外，在剑格上镶嵌有百余粒绿松石，相当讲究，精美无比。并且配有完整的剑鞘，剑鞘用两片薄木板黏合而成，外部用丝线缠扎固定，然后再刷黑漆。时隔2400多年，剑与鞘能完整地出现在今天，实在是奇迹一件。至于究竟出土于何地至今仍是一个谜。

者旨身为越国的国王在位仅仅6年（公元前464年~前459年），但是为他铸造的青铜剑却共有11把之多，而这把者旨於睗剑是保存最完好的一把，堪称世间珍品。

越王者旨於睗剑的出世有一个故事。1995年9月，上海博物馆馆长马承源先生收到香港古肆传来的一张照片，判定照片中为战国时期的青铜剑，于是通知浙江省博物馆征购。由于当时政府没有钱，而国外收藏者虎视眈眈势在必得，在这关键时刻，杭州钢铁公司鼎力相助，出资136万元从香港购回，才使其回归故里，成就一段佳话。

越国居住着大禹的后代，历史悠久文化绵长。在群雄争霸的春秋时期，从勾践开始，发愤图强卧薪尝胆，终于消灭了吴国，成为主宰东南地区的一方霸主。在富国强兵的过程中，青铜器文化的发展，尤其是青铜兵器起到了相当重要的作用。

吴、越两国在地理位置上远离中原腹地，处于祖国的东南部，地形多江河水系，与北方大不相同。吴越两国是邻国，文化、自然环境等都有很大的相似。在春秋无义战这样一个大的历史背景中，两国虽然得到不同程度的发展，但仍然比较弱小。吴国想要扩大发展、北进中原必须解决越国这个隐患，而越国想要对外扩张，第一个目标就是吴国。

公元前496年，吴、越两国在欈李发生了一次大规模的战争，意想不到的是，吴军的指挥官吴王阖闾，也就是夫差的父亲，在战斗中负伤。在弥留之际，阖闾立儿子夫差为下任吴王，并且对儿子说："尔而忘勾践杀汝父乎？"夫差回答道："不敢。"（《史记·吴太伯世家》）发誓要起兵灭掉越国。于是扩军备战成为吴国的首要任务。常言说得好，工欲善其事，必先利其器。吴、越两国在武器装备上你追我赶互不相让。如今考古发现的吴王阖闾青铜剑和吴王夫差的青铜剑，便是最好的说明。

吴王阖闾剑，即吴王光青铜剑，现藏于中国国家博物馆（见图3-3-7），1964年出土于山西省原平县（今原平市）。光，即公子光，后来的吴王阖闾，是吴王寿梦的儿子诸樊的长子。当时寿梦有四个儿子，老大叫诸樊，老二叫余祭，老三叫余眛，老四叫季札。在兄弟四个人当中，季札的名声最好，所以寿梦就想把王位传给季札。季札再三推辞，坚决不干，寿梦只好按照祖制立老大诸樊。寿梦死后，诸樊又让位于季札，季札依旧推辞。为了把吴王的位子让给季札，诸樊死的时候把王位让给了弟弟余祭。余祭死时又把王位让给了弟弟余眛。余眛临死的时候想用接力棒的方法把王位让给弟弟季札，但季札死活就是不愿意当吴王，最后拍屁股走人跑掉了。

图3-3-7　吴王光青铜剑（山西省原平市出土）

吴国的王位，经季札这么一折腾，传来传去最后传给了老三余眛的儿子僚，也叫吴王僚。眼看着这块天大的馅饼砸在僚的头上，凭空做了吴王，自然是很得意。不过，凡事都有个两面性，正所谓有人欢喜有人愁。按照周朝的体制，公子光是理所当然的吴王。公子光对莫名其妙失去的王位是耿耿于怀，便想方设法要夺回本应属于自己的王位。于是重用从楚国逃到吴国的伍子胥，并与专诸等人合计决定刺杀吴王僚。

公元前515年4月22日，公子光在府邸举行盛大的宴会，特地请吴王僚到家里吃饭，以联络兄弟之间的感情。吴王僚也知道公子光请自己赴宴不会是什么好事情，为了安全起见，吴王僚穿上了三层铁甲，以防不测。

宴会进行到一半的时候，刺客专诸打扮成厨师端着一盘鱼献到吴王僚的案几前，就在吴王僚感受专诸盘中炙鱼的香味时，专诸从鱼腹中抽出一把寒光闪闪的宝剑,以迅雷不及掩耳之势向吴王僚的胸口刺去。吴王僚还来不及反应便应声而倒,当即毙命。几乎在同一时刻,专诸也被一拥而上的卫兵杀死。

一剑刺穿吴王僚的三层铁甲,足见其锋利的程度。此剑正是大名鼎鼎的"鱼肠剑",中国古代最著名的宝剑。春秋时期吴国的铸造业非常发达,盛产各种青铜兵器,技艺精湛,质量上乘,"吴钩吴剑"极其锋利,天下闻名。而吴国的干将、欧冶子等均是中国历史上铸造兵器的顶级代表。这把吴王光青铜剑古朴沉稳,厚重霸气,剑格上镶嵌有绿松石,刃部虽有几处缺口,依然锋利无比。它是吴王阖闾自己使用的心爱之物,并非一般佩剑,而且它是一把经过实战检验的宝剑,极其珍贵。

历史展现的是过去,回过头来看却有不少无法解释的诡异和匪夷所思的巧合,有时候甚至让人扼腕叹息。上面我们说的是吴王阖闾剑,今天在中国国家博物馆还收藏有一把吴王夫差使用过的青铜剑(见图3-3-8),1976年出土于河南省辉县(今辉县市),系夫差本人的佩剑。夫差是阖闾的儿子,曾经率领吴国军队打得越王勾践俯首称臣。有意思的是,父子二人的宝剑,一把在山西,一把在河南,真是匪夷所思。生前他们是父子,今天他们的宝剑重新聚在一起,是亲情还是灵性,其中的奥秘,恐怕谁也说不清楚。

图3-3-8　吴王夫差青铜剑(河南省辉县市出土)

三、金戈铁马

人们常说"化干戈为玉帛",比喻化战争为和平,变斗争为友好。其实干和戈都是兵器,干指的是盾牌,戈指的是类似于矛的长杆兵器,由戈头和柄组成。

戈作为兵器出现很早,甲骨文中就有记载。在社会实践中有不少与战争相关的字都与戈配伍，如战、戎、戍、戡、戳、戮等。戈也是我国所特有的曲头兵器，在实战中有勾、啄、割、杵等多种杀伤方式。戈是具有啄、勾功能的格斗兵器。商周时期的青铜戈由"援"和"内"两部分组成，"援"就是横向伸出的部分，有内外两刃，内刃用于勾割，外刃可以杵击对方，横向突出的尖部用来啄击对方。"内"主要是用来固定的，与木杆或是其他材质的长杆相连接固定。向下突出的部分叫"胡"，主要是为了防止使用时朝向颠倒和勾啄敌人时勾与柄之间意外脱落，起到一个加强固定并且加大杀伤面的作用。现藏于河南省安阳市殷墟博物馆的妇好青铜戈（见图3-3-9），镶嵌有精美的绿松石，从器型上讲属于早期兵器，并具有一定的礼器性质，却也透出阴冷的杀气，使参观者莫不胆战心惊。

图3-3-9　妇好青铜戈（河南省安阳市小屯村西北妇好墓出土）

戈是战场上主要的长杆兵器，在战争的实践中不断改进创新，如湖北省的荆州博物馆收藏当地出土的几件颇具特色的青铜戈、双戈戟（见图3-3-10），造型就颇具创新特色。荆州是湖北的重镇，自楚文王元年（公元前689年）迁都于此，历经400余年的繁华，曾经名冠天下。所以荆州出土的文物不但数量多，而且品质高，特色鲜明，独树一帜，这几件正是春秋以来发展到战国时期的具有楚文化特色的器型，令人耳目一新。

历经数千年的青铜兵器，有不少至今依然完好如初，让人不禁为其穿越时间的质量拍手叫绝。其实，古人对于质量的控制相当严格，尤其对于兵器制造，是要负责连带责任的，特别在是重法的秦国，如果兵器在使用过程中出现质量问题，会依照法律追究相关负责人的责任。图3-3-11所示是一件秦昭王

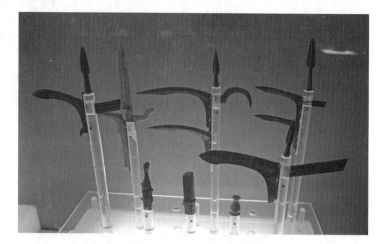

图 3-3-10　青铜戈（荆州博物馆藏）

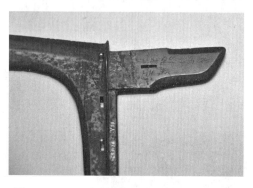

图 3-3-11　廿一年相邦冉戈（中国国家博物馆藏）

二十一年（公元前 286 年）铸造的青铜戈，上边有"廿一年相邦冉"6 字铭文。相邦就是相国，冉就是魏冉，即由相国魏冉监造。也就是说，尽管你魏冉是相国，既然你负责监造，就要担当后续责任。所以我们看到，在秦国，无论是兵器还是大型工程，质量大都是前无古人后无来者，如四川省成都市的都江堰等，堪称表率。

　　由于戈这种兵器杀伤方式多，效果显著，一经出现便广为流行，并广泛地应用于车战和步战当中，只是不同地区戈的形制和轻重有一些变化而已。中原地区经常进行大规模车兵战斗，戈必须长，以方便攻击。因为交战双方距离较远，所以在制造的过程中有意加重了戈头部的重量，以便在交战中更好地发挥砍啄的杀伤作用。吴越地区由于水网密布，战场环境不适合中原地区的车战。因此制造的戈，一方面在器形上相对要小巧轻便一些，另一方面则更加锐利，虽然削弱了由重量加大带来的啄的杀伤力，却加强了步战中戈的灵活性，更利于短兵相接的正面厮杀。

　　与戈相伍的长杆兵器还有戟和殳，戟比较常见，而殳不大容易看到。殳是先秦时期的兵器，《诗经·卫风》称"伯也执殳，为王前驱"。安徽博物院展出的藏品中就有一件战国时期的殳（见图 3-3-12），因上饰有蟠虺纹，故称蟠虺纹殳。该殳通长 14.7 厘米，筒长 3.6 厘米，1959 年出土于安徽省淮南市蔡家岗的 2 号墓。

殳是一种锤击和刺击两用的长杆兵器，一般长度在 3.3 米左右。先秦时期青铜殳经常在战车上使用。其形制是三角形或者是圆筒形，整体长在 14 厘米左右，直径 3~5 厘米，上部呈三角锥状，尖头部分并不突出。这种兵器虽然是长杆两用兵器，但就刺杀效果而言不如矛尖锐，锤击效果在实战中杀伤效果不佳，所以逐渐被其他兵器所取代，更多地成为礼仪护卫的兵器，以显示主人的身份。

图 3-3-12　青铜殳
（安徽省淮南市蔡家岗 2 号墓出土）

在长杆兵器当中有一种叫作叉的兵器，造型奇特，颇有点意思。1982 年江苏省丹徒县（今丹徒区）大港母子墩西周墓，出土了一件造型奇特的兵器，称之为青铜叉（见图 3-3-13）。该叉由叉和镦两部分组成，叉在上镦在下，

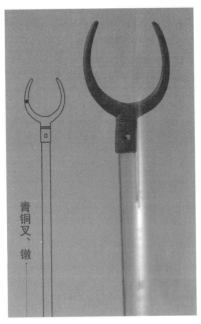

图 3-3-13　青铜叉及下面的镦（江苏省丹徒县大港母子墩西周墓出土）

中间用木棍连接，长度为1.83米，是早期吴国的兵器，现藏江苏省镇江市博物馆。有意思的是，青铜叉的造型竟然与今天小学门口保安配发的钢叉一模一样。不过，江苏省镇江市博物馆收藏的这件青铜叉是西周时期的兵器，距今已有近3000年的历史。

青铜兵器在实战中不断变化，根据其实际的杀伤效果不断地加以改进，就同种兵器而言，伴随着锻造技术的发展，制作出来的兵器也更加坚固。刃部被反复打磨，使其更坚韧不易打卷磨损。就兵器形制而言，一些早期常见的青铜兵器如殳、铍、钺等由于其实际杀伤效果不佳，不为人频繁使用，逐渐被矛、枪、刀等武器所替代，或转为礼仪兵器，逐渐退出了历史舞台。这些传统的青铜兵器虽逐渐淡出人们的视野，它们在历史上也曾有过辉煌，代表了一段历史，很值得我们去分析研究。

第四节　彰显荣耀

中国人向来讲究血缘关系，尤其注重家族观念，司马迁在写《史记》时，首先表述的就是本纪。所谓本纪就是为帝王写家谱，彰显王族的历史。其次是世家，所谓世家就是为诸侯王们写家谱，排比其荣耀的家族史。今天，又兴起了写家谱的高潮，而到处可看到的祠堂正是彰显家族历史的见证。其实，对家族荣耀的彰显古来有之，商周以来延续绵绵，并且在出土青铜器的铭文当中得到了印证。

一、家族辉煌

中国的家族观念究竟起于何时，目前没有定论，从考古发掘的墓葬分析，至少在距今7000年的新石器时代就已经形成，无论是仰韶文化还是其他文化，都有家族团结的证明。家族真正成为社会共识，则是从姓氏开始的。

姓氏是人类社会发展演进的文化产物，反映着一个国家一个地区的历史文化和社会文明。姓氏作为中国人身份的标志，是中华文明中最具特色的传统文化之一，源远流长。姓与氏在古代中国是有区别的，姓是姓，氏是氏。姓是血缘标志，与生俱来，氏为身份象征，是家世、地位、身份的象征。如以国名为氏的鲁申即鲁僖公申，国名鲁为氏，申为名。以邑名为氏的，如曲沃桓叔之子公子万封于韩，以韩为氏。以职官名为氏的，贵族及其子孙以其官名为氏，如史、仓、库、司马、司寇、司徒、太史等。

正因为如此，姓氏在发展的过程中形成了中国古代重要的政治架构之一，特别在西周时期，姓氏成为贵族间区别不同血缘关系的一种制度。由于姓氏与血缘相联系，姓是世代不变的，氏则往往会改变。这在以宗法制为单位、以血缘为纽带的古代中国特别重要。所以，古人对于自己的姓氏非常重视，并将其表现在青铜器的铭文上。例如上海博物馆收藏的青铜器德方鼎可以作为例证进行解说。

德方鼎，主人叫德，造型为方，故名（见图3-4-1）。该鼎铸造于周成王五年（公元前1038年），鼎高24.4厘米，口径长14.2厘米，宽18厘米，立耳，腹饰兽面纹，两侧饰龙纹，腹底有5行24字铭文。

图3-4-1　德方鼎及铭文（上海博物馆藏）

周成王是周朝的第二代王,铭文记载的是在成王执政第五年的三月,在成周,周成王建立的东都(今天的洛阳),为已故的周武王举行隆重的祭祀活动。具体活动是由一个叫作"德"的人主持。由于德组织得力、井井有条,成王很满意,于是就赏赐给德"廿朋"。1朋为10贝,20朋为200贝。

"廿朋",似乎是商周王赏赐的传统数量,或者是比较高级的赏赐,例如商王就赏赐给戍嗣子廿朋。得到"廿朋"的赏赐,"德"非常感激,于是就制作了宝鼎,作为家族的永久纪念。铭文的最后一句是"用作宝尊彝",彝是祭祀所用祭器,在宗庙里使用。

还有现藏于首都博物馆的圉簋、圉甗等,同样是将王的赏赐一事作为家族的骄傲而刻画在青铜器内。圉簋高26.5厘米,直径13.4厘米,方座,饰有兽面纹、夔纹等。在器盖内壁铸有铭文:"王□于成周,王赐圉朋,用作宝尊彝。"(见图3-4-2)圉甗与圉簋铸有着相同的铭文。

图3-4-2 圉簋(北京市琉璃河出土)

圉簋、圉甗同出土于北京市琉璃河,属于西周早期的青铜器,大意是说周王在成周(洛阳)举行祈福、祈求五谷丰登的祭祀大典,在活动过程中赏赐给了囷一些钱（贝朋），囷非常感动，于是做了簋、甗等器物作为纪念，以记录家族的光荣历史。周王赏给囷多少钱没有记载，可能不多，如果是"廿朋"肯定会记录在案。可以看出的是，囷用于铸造青铜器的钱大概超过了王赏赐的本身，之所以如此，不外乎是光宗耀祖，兴旺家族。

姓在古代中国非常贵重，最初只有八大姓：姚、姬、姜、妫、姒、嬴、姞、妘，按照《春秋左传·隐公八年》的记载："天子建德，因生以赐姓，胙之土而命之氏。"即由天子赐姓命氏，所以要想获得非常不容易。《史记·五帝本纪》记载："黄帝二十五子，其得姓者十四人。"其实所谓十四人得姓者，仅为姬、酉、祁、已、滕、箴、任、荀、僖、姞、嬛、依等十二姓，其中荀姓绝无可考，酉、滕、箴、嬛、依也没有多少材料，还有四人分属二姓，可见古代中国对姓的认同是相当的严格的。① 由于姓在古代本义为"生"，是同一先祖的血缘集团的名称，代表着同一大家族的记忆。所以直到今天人们在问候对方时常常还是"您贵姓"。我们看到青铜器的铭文中几乎都与家族相关，无论是王的赏赐，还是替王作战有功，还是跟随某人作战有功等等。而贵族们不惜用贵重的青铜铸造器物，并不是用于生活，而是作为宝贝放在宗庙里用于祭祀，用于炫耀，用于显摆，用于激励后人，用于敬天法祖，用于传之万代。

二、美的缺憾

美是人类认识事物的最高境界。在中国人看来，美存在于世间万物之中，秀丽的山山水水是美，成双成对的双宿双飞是美，令人垂涎三尺的食物是美，乃至一件衣服、一双鞋、一句话、一个笑容等等，都是美。

不过，人世间的事情不一定全是美的，也有不少缺憾，不论是孔雀东南飞还是梁山伯与祝英台。事实上，不少青铜器正是因为有着缺憾之美而格外的引人注目。如现藏于陕西省宝鸡青铜器博物院的成周邦父壶盖就是突出的一例

---

① 徐日辉：《姓氏文化说略》，载《河洛文化与姓氏文化》，河南人民出版社2009年版。

（见图3-4-3）。壶盖1983年出土于陕西省宝鸡市千阳县的崔家头公社南头，盖上铸有4行12个字的铭文。具体是"成周邦父作干中姜宝壶永用"。显而易见，此青铜壶当与成周（今洛阳）大有关系。具体器主是何人，不清楚，但做壶的目的十分明确，依旧是光宗耀祖、流芳后世。

图3-4-3　成周邦父壶盖（陕西省宝鸡市千阳县出土）

不过，按照一般的规律讲，存世的器物首先应是完整的，其次，器身存世的多，而器盖存世的少，所以有十瓶九无盖的说法。成周邦父壶应该有完整的一件，而且应是一件比较大的青铜壶，仅仅一个盖就如此精美，且有铭文记事，说不定壶内还有铭文，但因为现有的信息不完整，只能推测器身与盖合起来可能是一篇完整的铭文。鉴于壶盖的造型雍容华贵十分精美，可以想见壶身肯定更加光彩夺目，遗憾的是如今只能看到壶盖而见不到壶身，美被停滞在这里。

无独有偶，在安徽博物院收藏有一件春秋晚期的蟠虺纹汤鼎，有身无盖（见图3-4-4），出土于安徽省寿县。蟠虺纹，实际上就是蛇纹，时有变体。汤鼎顾名思义就是煮水用的，最早出现于淮河流域。此鼎既然是烧水用的工具，自然应该有盖，此鼎上部口沿处的造型清楚地显示，原本是盖器一套严丝合缝。在使用过程中加盖，肯定比敞开着更加利于烧水。

图 3-4-4　蟠虺纹汤鼎（安徽省寿县出土）

另外，汤鼎多用于祭祀，《周礼·秋官》记载："祀五帝，则沃尸及五盥，洎镬水。"镬（huò），属于烹饪器，古时指无足鼎。镬水正是用鼎烧的水。古人祭祀相当严肃，要求极其苛刻，如果敞开盖烧水，一旦掉进去杂物，是要杀头的。因此加盖更加卫生，更符合祭祀的要求。

其实，像这样残缺不全的青铜器还很多，不少博物馆都有收藏，如果你仔细去观察，自然也就见怪不怪了。

还有1988年山西省太原市赵卿墓出土的这件方座四耳豆（见图3-4-5），该豆造型大气美观，作为春秋末年的青铜豆，依造型看为子母扣，原本也是有盖的，不知是何原因，我们能看到的却是仅有的器身。赵卿即赵简子，在晋定公时期执政晋国一十七年，权势极大，不可一世，在他的墓里出土了3套18件青铜鼎，以鼎、簋、盘、匜、豆成套组合，如此精美的豆竟然无盖，有点不可思议。

图 3-4-5　方座四耳豆（山西省太原市赵卿墓出土）

大家如有兴趣，到博物馆参观的时候，只要稍微留心观察，类似于缺盖的青铜鼎、青铜簋、青铜壶等还是比较常见的。不过，有部分经典的青铜器，尤其是商周时期的青铜器，尽管有些残缺不全，但并不影响我们对器物的审美，只是有所缺憾罢了。

三、破镜重圆

青铜器既有残缺不全的遗憾，当然也有破镜重圆的喜悦，更有匪夷所思的传奇。大家知道在中国历史上有个破镜重圆的典故。据唐人《两京新记》记载：南北朝时，有一位"才色冠代"的美女，本为陈太子舍人徐德言之妻，当时南陈在隋兵的打击下，行将灭亡。这时徐德言对妻子说：眼下即将国破家亡，我可能遇害，而你长得太漂亮了，必然会落到帝王人家。如果我还活着，咱们相见恐怕也不容易。为了今后再能见一面，我想出了一个办法，说着拿出一面青铜镜，"乃击破一镜，各收其半"，为日后相会之约。南陈灭后，徐德言妻果然被俘，几经周折，由隋文帝赐给杨素。后来徐德言妻将镜放入市场，高价求全。徐德言闻知前来合为一镜，其妻将破镜一事告知杨素。杨素深为感动，便将其妻还给了徐德言，这就是历史上"破镜重圆"的典故。

破镜重圆的故事流传了1000多年，在生活中却无人得见，只能作为茶前饭后的谈资，一笑了之。考古发现历史上真有破镜重圆的事例，新华社2003年5月23日报道，安徽省怀宁县文物管理所在清理两座遭破坏的唐墓时，意外地发现两座墓中各出土一枚半面镜，将两半片镜断面吻合，便是一枚完整的铜镜。合并后的镜为圆镜，直径22.5厘米，重1450克，龟钮。浅浮雕栩栩如生，为形态各异的仙鹤，从而证明了"破镜重圆"的真实可靠，表现出唐代人追求爱情的永恒决心。

在湖南省博物馆收藏有一件举世罕见的商代青铜鼎，称为大禾人面方鼎（见图3-4-6）。1958~1959年出土于湖南省宁乡县（今宁乡市）黄材镇炭河里乡胜溪村。方鼎高38.5厘米，口径长29.8厘米，宽23.7厘米，双立耳四柱足，饰一兽面纹，因鼎内腹铸有"大禾"二字，所以称之为大禾鼎、大禾人面方鼎。

图3-4-6 大禾人面方鼎正面和侧面（湖南省宁乡县黄材镇炭河里乡胜溪村出土）

大禾人面方鼎是商朝晚期的青铜鼎，呈现出幽幽的墨绿色。方鼎最大的特点就是四面都浮雕着一个人头，或者说是人面像，这是目前中国独一无二的以人面作为纹饰的青铜鼎。

鼎上人的五官分明，大耳大嘴，宽面颊。面部表情严肃沉重，威而不惧，具有极强的视觉冲击力。这是一位什么样的人物呢？就其形象而言，绝非等闲之辈，说不定是一方小诸侯也未可知。遗憾的是，现在已经无从知晓了。然而，凡参观过的人，无不为其特殊的造型而感慨万分，为其巧妙的构思、精湛的铸造技艺而折服。

大禾人面方鼎的神奇不仅仅在于器物本身，还在于传奇的故事，一段破镜重圆的故事。大禾鼎发现在"大跃进"的年代，正是全国人民大炼钢铁的时代，鼎被农民发现后被当作废铜烂铁卖给了收废品的人，然后集中到长沙市毛家桥废品仓库，准备回炉冶炼。正在这千钧一发之际，恰好被驻废品仓库的湖南省博物馆工作人员发现，于是一鼓作气找到了9块残体，逃过了一劫，但美中不足的是缺了一条足。

说来惭愧，20世纪70年代我在冶铸铜配件的时候，也常常去废品收购站拉废铜，包括被打碎的青铜器皿和大量的铜钱。当年本人虽然知道一些这方面的知识，但是慑于当时的政治气候，没有人敢拿自己的前途开玩笑，尤其是像我这一类所谓出身有问题的人。时过境迁，想想过去，如今唯一能做的就是在课堂讲座中教育下一代好好保护文物，切实珍爱文化遗产，确保文明绵延。

大凡国之珍宝，总会有神奇之处。我们常说无巧不成书，世间的事情真是不可思议。1960年，大禾人面方鼎那只缺失的足竟然在株洲市冶炼厂的废铜中发现，终于合为一体。时隔两年之后，在长沙之外的城市发现缺失之足，简直令人难以想象，其偶然性竟然达到了天方夜谭的程度。

第四章
礼仪秩序

中国是传统的礼仪之邦,从礼仪制度上考察,自周公作礼开始,礼的核心就是"治",是社会规范。"礼"作为人类文明的产物,是人类由野蛮社会进入文明社会的特有标志,也是人类理性思维的重要表现。首先,礼能平衡人的欲望,进而达到社会的有序和安定;其次,社会组织利用礼来调节人与人、人与物之间的关系;再次,古代统治阶级利用礼来规定和限制人与人之间的等级,结合刑罚成为教化人民、约束人民、防范人民、管理人民的软硬两把刀子。

《史记正义》注引《周礼》称:"以吉礼事邦国之鬼神祇,以凶礼哀邦国之忧,以宾礼亲邦国,以军礼同邦国,以嘉礼亲万民也。"吉、凶、宾、军、嘉谓之五礼,五礼行世、治世,内容丰富庞杂,涉及方方面面,事无巨细。以青铜饮食器使用的数量而言,就有着严格的规定。礼法规定天子的组合是九鼎八簋九鬲,然后从诸侯七鼎六簋开始依次递减,直到下级士的一鼎,而老百姓则不允许使用鼎。

礼的出现使人类社会由无序走向有序,礼既是一切社会行为的规定动作与准则,同样也是整个社会运作稳定的保护机制。[①] 礼仪用之于国家,则国家秩序井然兴旺发达;礼仪用之于社会,则社会安定有序,人人自律规范,以礼施教,以礼规范,以礼防范,以礼治国,以礼和谐社会。

---

① 徐日辉:《论司马迁笔下的礼乐制度》,载《学术月刊》2000年6期。

第一节 奇偶组合

青铜器的大量出现,除了造型各异、体量大小、工艺优劣、用途不同等等之外,其中数量的多少大有讲究,不仅仅是标示量,或者说是数字游戏,而且关乎极为深刻的寓意。例如,道家所宣扬的"道生一,一生二,二生三,三生万物",虽然讲的是哲学,却来源于"数"、表现于"数"。而"三生万物"表明数在人与自然中的作用非同一般。还有大家所熟知的大禹分九州之九,铸九鼎之九,天子九五之尊的九和五,已经远远超出了量和具体的数字,作为代表国家和主权的象征,九是极阳数,五则居中而立,九配五至贵至尊,便根深蒂固地成为皇帝九五至尊的专享名词。

一、数的迷宫

当人们漫步在博物馆欣赏青铜器的时候,往往会被一鼎、三鼎、五鼎、七鼎、九鼎,以及二簋、四簋、六簋、八簋等奇奇怪怪的数字所困惑,其实这正是青铜文化当中最神秘最具特色的数字文化。

数,生活当中实际存在的东西,在中国作为文化工具早于文字之前就已经用于信息交流,以确定具体的量,所以《后汉书·律历志》注引《博物志》称"黄帝隶首作数"作为印证,在5000年前的黄帝时期,中国人就已经在使用二进制和十进制相结合的古量器,进行分配①。数来源于生产生活的需要,中

---

① 徐日辉:《论司马迁〈史记〉对"数"的承传与组合》,载《历史文献研究》第二十一辑。

国是一个以农业经济为主体的国度,因此,数"在农业生产方面测量土地面积、推算仓库容积的经验"等多有应用①。恩格斯在《反杜林论》中说:"和其他一切科学一样,数学是从人的需要中产生的:是从丈量土地和测量容积,从计算时间和制造器皿产生的。"中外的情况大体一致。如果我们继续往上考察的话,中国的考古发现证明早在距今8000年前就已经有了存储粮食的窖藏,窖藏关系着生活,肯定是有数的,即便是所谓的结绳记事,也是以数为前提的。由此可见,从古到今中国人对数一直是非常重视的。

数同时又作为一种文化现象,尤其是数文化内涵的神秘文化,因此,要深入了解和认识青铜器和蕴含的文化,解码数就显得至关重要、意义非常。

考古发现,青铜器的代表首先是鼎,鼎作为礼器常与簋组合,以显示身份。但是,一件单体的鼎在显露身份的同时更多的则是生活中的食器,如现藏陕西省宝鸡青铜器博物院带盖附耳椭方鼎,就是一件颇具特色的饮食器(见图 4-1-1)。

图 4-1-1　椭方鼎(陕西省宝鸡市竹圆沟出土)

---

① 李俨、钱宝琮:《科学史全集》第二卷,辽宁教育出版社1998年版,第499页。

椭方鼎1980年出土于陕西省宝鸡市竹圆沟，其造型非常奇异，不但有与腹大小接近的盖，而且是椭方形的，从正面看又是上大下小的长方形，双耳与盖齐平，独具匠心稳重大气，不愧是西周早期的青铜器精品。不过，从盖与腹的比例来看，椭方鼎的盖不仅仅是装饰，还应该具有实用功能。使用时将盖翻过来亦是一件盛放实物的椭方形的小鼎，有类似于今天饭盒的作用。

鼎以单数居多，甚至可以多达到9件。而作为生活用具的匜，往往只有1件。如现藏于中国国家博物馆的齐侯子行匜（见图4-1-2），就是1件。该匜是齐侯之子行所做，是春秋时期齐国的器物，1977年出土于山东省临朐县。由于匜是古代盥洗时舀水用的器具，也可以在浇水时使用。匜在使用时与盘相配伍，一般情况下是由年轻人双手端着盘处于下方，年纪比较大的中年人用手持匜，将水均匀地浇到被洗人的手上。由于中年人沉稳所以多持匜。作为个人专用生活器具，在成套的青铜器当中，多数是配一件，也有不配匜的，所以在博物馆收藏的青铜器当中匜的数量相对于鼎、簋要少得多。

图4-1-2 齐侯子行匜（山东省临朐县出土）

在已发现的青铜器当中，成双成对出现最多的器物要数壶，作为饮食器当中的酒器，壶往往是两件成对，你可以在国家历史博物馆、宝鸡青铜器博物院、河南博物院、陕西历史博物馆、山西博物院、上海博物馆、山东博物馆、湖北省博物馆、河北博物院、郑州博物馆、荆州博物馆等馆藏展品中体悟到成对的历史气息和绵长的文化韵味。如陕西省韩城市梁带村芮国墓地 26 号墓出土的仲姜壶（见图 4-1-3、图 4-1-4），正是一对两件，是西周晚期的器物，现藏于陕西省考古研究院。仲姜，即芮国芮桓公的夫人，也叫芮姜，距今大约 2700 余年。

图 4-1-3　仲姜壶一
（陕西省韩城市梁带村出土）

图 4-1-4　仲姜壶二
（陕西省韩城市梁带村出土）

青铜器使用过程中的数组合，既是礼仪制度的产物，同时也反映出是夏商周时期人们对数的崇拜和迷信，如同今天讲究 8、6、10 等所谓的吉祥数字一样，是社会历史阶段的文化产物。黑格尔曾经说过："柏拉图也述说了一些更详细的数的关系（但不是他们的意义）；直到今天为止，人们还不能从其中得出任何特别有意义的东西来。因此，数目的排列是容易的；但是深刻地说出其意义则是很难的，而且勉强去说出意义又始终是武断的。"[①] 黑格尔的论述非常深刻，的确，我们在探讨青铜器与"数"的关系时就面临此类问题，有时还比较突出。《周礼》时代毕竟距离我们今天已经 3000 多年了，我们今天很难还原当时的情景，特别是社会风尚和流行思潮，而这些恰恰是我们今天研究青铜器内涵最重要的元素。

---

① 黑格尔：《哲学史讲演录》第一卷，商务印书馆 1959 年第 1 版，第 244 页。

抛开神学，我们认为"数"作为人类高度文明的体现，是人类长期生产生活实践的产物。数的产生与运用使现象世界从无序走向有序，由混沌趋向明朗，难怪西方古典哲学家认为：数是万物的本源，并"具有一种特殊的神秘力量"①。他们还认为：没有数"人们就在一个黑暗的迷宫里劳而无功地游荡"②。今天当我们进入到青铜器的数字世界时，作为量与排序及组合，看到一三五七九的奇数与二四六八偶数被利用，并且成为礼仪制度的构成和权力地位象征，不能不佩服古人超乎自然的想象力，以及由此而构成的青铜时代的一大鲜明特色。

二、鼎簋豆鬲

考察青铜礼器的组合，就会发现在夏商时期是以爵、觚、斝等酒器为核心，表明夏商时期是通过酒器为载体，以祭祀为手段，从而达到与神相通的神权理念，所以酒与酒器便成为礼器的核心。而进入到周朝以后，则以鼎、簋、豆、鬲为组合，成为礼制的象征，特别是数量的组合。

数字在青铜礼器上表现得最为突出，因为最高主宰被赋予沟通自然的能力，在当时被认为是真实存在的。所以我们看到中国古代的数字不仅仅表示量，还有更为深刻的含义。考察历史表明，周朝建立起来的鼎和簋的法定组合，奇数和偶数的有机配伍，是任何人都不允许破坏的铁律。以最常见的鼎、簋组合为例。何休注《春秋公羊传·桓公二年》称："礼祭：天子九鼎，诸侯七，卿大夫五，元士三也。"《礼记·礼器》载："礼有以多为贵者……天子之豆二十有六，诸公十有六，诸侯十有二，上大夫八，下大夫六。"按照礼制的规定：天子使用的是九鼎八簋，诸侯是七鼎六簋，卿大夫是五鼎四簋，元士是三鼎二簋，更低级的元士是一鼎无簋。

另外，天子九鼎八簋还要配二十六豆，诸侯七鼎六簋配一十六豆，卿大夫

---

① 北京大学外国哲学史教研室：《古希腊罗马哲学》，商务印书馆1961年版，第34–38页。
② M.克莱因：《古今数学思想》第二册，上海科学技术出版社1979年版，第33页。

配八豆，而下大夫配六豆。这种按照个人身份的贵贱高低规定使用器物数量的礼仪制度，把青铜器的奇数和偶数组合的功能推向了极致，同样把数字游戏演绎为至高无上的权威规则。

在河南省的郑州市曾经出土了四套半春秋时期的九鼎八簋，堪称九鼎八簋之最。天子九鼎所享用的食物是：牛、羊、豕、（干）鱼、腊、肠胃、肤、鲜鱼、鲜腊。其中天子的九鼎配八簋，簋主要用于盛放五谷饭食。九鼎八簋之外还有二十六豆，豆是盛放食物包括瓜果的器物，类似于今天的高脚盘子。

目前国内已经出土了10余套九鼎八簋，其中河南新郑市出土有1套九鼎八簋颇具特色，因为与其配伍的还有九鬲（见图4-1-5），现藏于郑州市博物馆。鬲，属于烹煮器。从最早的陶鬲算起，距今已有上万年的历史。九鼎八簋九鬲，其中九鼎的鼎通高47.2~54.5厘米；八簋的簋通高21.9~23.1厘米；九鬲的鬲通高10.8~12.0厘米。九鼎八簋的形制相同，纹饰相近，大小轻重依次递减，错落有致，是标准的列鼎。其中九鼎八簋为蟠螭纹，九鬲器形大小相近，平裆，为螭龙纹[1]。这一套独一无二的组合气场极大，令人叹为观止。

图4-1-5 九鼎八簋九鬲（河南省新郑市出土）

郑州博物馆馆藏的这套九鼎八簋九鬲1996年9月~1997年12月出土于新郑市郑韩故城东城偏西南，一同出土的还有方壶、圆壶、鉴、豆等青铜器30余件，是春秋时期郑国王室青铜重器的一部分。

---

[1] 郑州博物馆编：《郑州博物馆文物精华》，文物出版社2009年版，第40页。

九鼎八簋九鬲的组合，属于定制，是国内唯一的发现，弥补了历史文献记载的不足，真正是弥足珍贵，为我们研究天子的礼仪制度提供了极为重要的实物资料。

七鼎六簋是诸侯身份的代表，在河南省三门峡市发现的西周晚期虢国国君用的正是七鼎六簋，虢国之君相对于宗周而言就是诸侯。而他的夫人更低一级，所以用五鼎四簋。另外，在陕西省韩城市梁带村发现的芮国国君使用的也是七鼎六簋，他的夫人仲姜使用的则是低一级的五鼎四簋。

三门峡市是进入关中的门户，地理位置相当重要，是当年周人重点控制的核心区域，相对而言还是比较遵守礼制的，特别是京畿周围，不像偏远地区，天高皇帝远，僭越比较明显。例如，在周人发祥地的陕西省关中地区，出土的周代青铜器大多中规中矩。宝鸡青铜器博物院现藏有多套五鼎四簋和三鼎二簋，如1974年在陕西省宝鸡市茹家庄1号墓出土的称为儿鼎的五鼎四簋（见图4-1-6），正是西周中期卿大夫的陪葬品。五鼎是卿大夫身份的标志，享用的食物是：羊、豕、鱼、腊、肠。此套儿鼎数量规范，器型稳重，一点也不张扬，可表现出墓主人的内涵，当然也不排除家道中落的原因。

图4-1-6　儿鼎（陕西省宝鸡市茹家庄1号墓出土）

相比于五鼎四簋，数量最多的是三鼎二簋，此配置是高级士所使用，相当于今天的中层干部，配享的食物是豕、鱼、腊。由于这一层级是直接管理地方的官,数量最多。如陕西省陇县博物馆收藏的一套三鼎二簋(见图4-1-7),出土于陕西省陇县边家庄,是春秋时期的器物。关中是西周的政治中心,同时也是周人的老家,生活居住的官员自然就多,因此,该地区成套的鼎、簋组合的青铜器自然也就多,毕竟能享受七鼎六簋的人是少数。

图4-1-7 三鼎二簋(陕西省陇县边家庄出土)

不过,从出土的青铜器看,鼎与簋的数量是一方面,而器物的质量又是另一方面。由于不同的原因,器物的大小和精美程度相差甚远,以五鼎四簋的儿鼎和这套陇县出土的三鼎二簋相对比,虽然后者在级别上低于前者,然而,鼎与簋的精美程度却相差甚远,其奢华的程度不可同日而语。大概与所统治的地区经济状况有关,也不排除与墓主人所掌握的实际权力以及贪污腐败的程度有关。

在封建社会和帝王时代,把自然人分成不同的等级,并且想方设法地固定下来,使"贵贱有等"最大限度地规范化合理化,强制广大老百姓认同。大凡帝王是第一等,最为贵重,因为整个天下都是他个人的,所谓普天之下莫非王土，率土之滨莫非王臣；其次一等的便是皇亲国戚、公侯将相；再次一等的是一般贵族和普通官员；最末一等的便是老百姓。金字塔的基础是人民大众，而最下层的也是人民大众，这就是"贵贱有等"的结构及其含义。从九鼎八簋九禺到一鼎无簋的发现，充分证明了《史记·郦生陆贾列传》所说"王者以民人为天，而民人以食为天"的深刻内涵。

三、礼崩乐坏

大凡一种文化能够形成传统并且得以延续发展，很重要的一条，便是社会长期实践过程中被认同的结果。所以，中国传统的礼乐制度自周公创立以来，成为德主刑辅的有力支撑，历代王朝无一例外。礼的功能在实践过程中确实包括了社会上所能出现的种种关系，如国家与人民、社会与家庭、上级与下级、贵贱与尊卑、家族与亲属等，是一整套相当完整而又行之有效的管理制度。作为法律之外重要的补充，将人的精神和行为严格地规范起来，服从于君主，服从于国家，服从于社会，服从于家族。在中国古代社会里由于礼不断地被丰富与强化，甚至达到"礼莫大于分"的地步（《资治通鉴》卷一）。所谓分，就是差别。为什么古代的精英特别强调"分"，说穿了就是为统治阶级服务。

礼崩乐坏在西周末期就已经开始了，《诗经》《小雅·鹿鸣之什·伐木》称："伐木许许，酾酒有藇。既有肥羜，以速诸父。宁适不来？微我弗顾。於粲洒埽，陈馈八簋。"有酒有肉，宴享亲友，不仅是在使用八簋，而且还肆意张扬，显而易见已经是在僭越礼制了。

当历史进入到春秋战国时期，传统的礼制已经名存实亡，遭遇到彻底的破坏，中原地区经济发达的诸侯国更是不把礼制放在眼里，毫无顾忌地在享用周天子这一最高层面的礼器。例如，在新郑发现的5套九鼎八簋就是活生生的例证，其中的一套现藏于河南省博物院（见图4-1-8）。

历史上的郑国是周宣王同父异母的弟弟姬友所建，最初在今天的陕西省的凤翔县南，后迁至华州区一带。西周与东周之交，由于周幽王宠幸褒姒引起诸

图 4-1-8　九鼎八簋及鼎、簋单件（河南省新郑市出土）

侯国的不满，诸侯纷纷反叛自立，郑武公便趁机迁徙到今天河南省的荥阳市，后来又将国都移至今河南的新密市、新郑市一带，所以叫新郑。一直到公元前 375 年被韩消灭，前后约 300 年。

春秋初期郑国曾经是中原一等一的大国，是最早健全法制的诸侯国，郑国的经济相当发达，特别是诗歌音乐名扬天下。在礼崩乐坏的大背景下郑国自然也不例外，于是我们就看到了只有周天子才能使用的九鼎八簋出现在这里。事实上礼崩乐坏不仅仅在中原地区，甚至连远在西方的嬴秦也不例外。

秦人最早源于东方的"商盖"，即"商奄"，在今天山东省的曲阜市一带，这是最新出土文献《清华简》给出的明确答案。周武王克商之后，东方的商人并不顺服，嬴秦的首领，殷商的重臣蜚廉从山西省逃到"商盖"，参与东方的夷人起兵造反，周公用了三年时间才将其剿灭。并将他的这一支族人，所谓的商奄之民，迁徙到陇山以西，今甘肃省东部的天水市甘谷县的朱圉山一带[①]，直到秦襄公时才与中原地区的诸侯平起平坐。考古发现，尽管秦人远在西部，经济相对落后，然而，在对待最高统治权的问题上秦人毫不示弱，公开挑战周

---

① 徐日辉：《莱芜为"嬴秦"根文化考略》，载《嬴秦始源》，中国社会出版社 2013 年版。

礼的约束，其中以秦公簋的铭文最能说明问题。

秦公簋，1919年出土于甘肃天水秦岭乡的庙山一带，现藏于中国国家博物馆（见图4-1-9）。双耳，分盖与器，均饰瓦纹，口饰蟠螭文，盖、器共105字。其中合文一，重文四，另外刻18字，合计123字。

图4-1-9　秦公簋（甘肃省天水市出土）

秦公簋为秦成公所铸造（公元前663年~前660年），是秦人祭祀先祖的礼器，距今已有2680多年的历史。秦公簋讲述的是秦人先祖十二公由东方（山东省）到西方（甘肃省天水市）的创业功绩和本民族的发展历史，其铭文有"秦公曰：'丕显朕皇祖，受天命，鼏禹宅迹。十有二公，在帝之坏，严恭夤天命，保业厥秦，虩事蛮獟。'"我们看到秦公簋讲述的不是敬周，而是为自己的先祖歌功颂德，甚至是自称"受天命"。大家知道，只有天子才能"受天命"、得天命，代天而行命。作为一个小小的诸侯，而且是落后于中原的诸侯，竟然敢自称是"受天命"，毫无疑问是对周天子明目张胆的挑衅和肆无忌惮的僭越。

说起秦公簋的命运，也有一段颇为坎坷的经历。秦公簋出土之后便被开当铺的天水人杨衣官收购，放在自己开的"聚源当"中出售。后来被一位陕西省姓张的古董商买走，带到兰州市。再后来不知道是什么原因，秦公簋流入一家饭馆里，被当作盛残汤的盆来使用。所以，大家看到的秦公簋完全不像出土的器物，原因即此。

宝贝就是宝贝。秦公簋终于被识货者发现，一夜之间，身价倍增，却又被甘肃省督军张广建以权势据为己有。张广建在离开甘肃省时将秦公簋带到天津市。1923年著名学者王国维在北京见到秦公簋，非常震惊，于是亲自为其跋文，并且公布于世，才引起了学者们的关注。

近二三十年来在甘肃省秦城区和礼县大堡子山一带出土的、现收藏于甘肃省博物馆藏的秦公鼎（见图4-1-10），以及上海博物馆收藏的秦公簋等，上面的铭文刻的是"秦公作铸用鼎""秦公作宝簋"等，既没有慎终追远，也没有敬天保民，简简单单的几个字，充分表现出秦人唯我独尊的霸气，再一次显示出礼崩乐坏的背景下秦人对宗周礼仪制度的背叛与挑战，预示着其问鼎中原的野心。

图4-1-10 秦公鼎及铭文（甘肃省礼县大堡子出土）

孔子是礼制最忠实的卫道士，他曾针对季子使用八佾舞非常气愤，发出了"八佾舞于庭，是可忍也，孰不可忍也"的呐喊（《论语·八佾》）。八佾舞即八八六十四人在舞，属于天子享受的数目。如果孔子看到早于季子挑战周礼的秦人，以及郑国人享用九鼎八簋九鬲的青铜器物时，很有可能会被气得从地下钻出来。

礼作为一种统治人民和规范统治集团自身的制度，其用意是十分清楚的。《周礼》在长达3000多年的古代社会里，发挥了协调社会稳定有序、促进国家发展的重大的作用，并且以固定的模式承传沿袭、传播发展，又以极强的排他性而成为中华民族的文化瑰宝。

《礼记》说："礼尚往来，往而不来非礼也，来而不往亦非礼也。"这是中国几千年来家喻户晓的格言，亦是人际交往的基本准则。有来有往，你敬我一尺，我还你一丈，相互敬重、友好往来是中华民族的美德和优秀传统，今天，在高楼林立而又相对封闭的状况下，更应该加强交流，而不是有所削弱。

第二节　斗转星移

青铜器不仅仅是礼器、饮食器、生产工具和生活用品等，青铜器还是国家的象征、权力的体现。在中国古代最重要的权力莫过于君权，而君权之重莫过于兵权，只有掌握了兵权才能保证行政权的实施，才能生杀予夺为所欲为，所以长期以来民间就流传着有枪便是草头王的说法。当然，除了像兵权这样的大事之外，诸如官员任命、区划更改、通关节符以及度量衡的颁布等等，无一不是权力的表现。斗转星移，往事越千年，今天我们凭借出土的青铜器物，复原历史，再现辉煌。

一、权柄千年

兵权，顾名思义就是掌握使用调配军队的权力。在中国古代的帝王体制下，兵权最最重要，始终掌握在国君一个人的手里。不过，在一般情况下天子是不会带兵打仗的，军队由不同的将官统领驻扎在外，平常训练，战时歼敌。因此，将军的任命和军队的调遣，始终是皇家的一等大事，也是其最不放心的一件大事，如杯酒释兵权便是典型的案例。为了控制军队的行动，控制将领的行动，古人发明了兵符作为信物、凭据，以有效地节制将领。

中国历史上一个非常有名的故事，叫作"窃符救赵"。说的是公元前257

年秦昭王打败长平的赵军之后,又进兵包围赵国的都城邯郸。魏国信陵君的姐姐是赵惠文王弟弟的夫人,赵国多次派人送信请求魏国出兵解围。魏王派晋鄙率领十万大军营救赵国。秦王知道后便派使者威胁魏国。魏王害怕秦国,又派人让晋鄙驻扎在邺地按兵不动,作壁上观。

信陵君心急如焚,却无计可施,这时有人告诉他可以通过魏王的爱妃如姬窃出兵符才能解救赵国。如姬,魏安釐王众多妃子中的一位,颇受宠爱,但是,如姬的父亲被杀三年,却无法报仇雪恨。信陵君为了救赵,听取了守门人侯嬴的建议,杀死杀害如姬父亲的凶手,报告给如姬,然后让如姬窃取魏王调动军队的兵符,在取得兵权之后再统领军队解救赵国。

信陵君依计而行,如姬深明大义冒死窃出兵符,信陵君凭借兵符最终得以调动军队打败了秦军,解救了危在旦夕的赵国,成就了战国四君子之美名。

窃符救赵的符正是兵权的象征,现藏于陕西历史博物馆的"杜虎符"为我们解开了历史上的兵符之谜。杜虎符(见图4-2-1),秦王朝的兵符,出土于西安市南郊山门口,只有半片,长9.5厘米,高4.4厘米,厚0.7厘米。秦杜虎符上有错金铭文9行40字,其中有"兵甲之符。左在君,右在杜。凡兴士被甲,用兵五十人以上,必会君符,乃敢行之"。

图4-2-1 杜虎符(陕西省西安市出土)

兵符是古代朝廷传达命令、调动军队的特殊凭证,是军权的象征,通常铸造为老虎的形象。为什么要铸造成虎形?是因为老虎在中国人的心目中是百兽之王，象征着天下无敌的军事力量。兵符分左右两半。左半留在皇帝身边，右半交付驻兵在外的将领。需要调兵时，由朝廷的使者持左半符前往驻军，与军队将领所持的右半符验合之后，军队才能按照使者传达的命令行动。

将兵莫重于将将，将执符受命掌握军权，但也受到一定的限制，"杜虎符"规定非常明确，凡是动用50人以上的士兵，就必须通过朝廷方可行动，也就是左右合符之后才能调遣。窃符救赵时，信陵君所持之符没有通过魏王的许可，信陵君虽然窃到了兵符，却少了一份魏王命令，所以只能采取杀死晋鄙的极端措施。

度量衡与兵权一样同为国家权力的标志，是社会规范的标准，如果没有统一的度量衡，那么社会最起码的公平公正也就不复存在。权力的"权""权重"，在古代正是重量的标志。

权，作为检验重量的标准器，由来已久，现藏于中国国家博物馆的战国时期的司马成公青铜权（见图4-2-2），便是重要的实证之一。该权的铭文记载此权的重量是120斤，实际重量是30350克，据此推算当时的一斤大约为今天的252.9克，比半市斤稍多一点点。所以当时人一天吃5斤左右的粮食，也就不足为奇了。

图4-2-2　司马成公青铜权（中国国家博物馆藏）

所谓权，在一定程度上带有强制性的法定标准，而且是国家规定的标准器。日常生活一天也离不开度量衡，其中度量衡中的度是用来测定长度的标准器，最常见的就是丈量用的尺子。中国著名学者商承祚先生的亲属曾经捐赠给中国国家博物馆一件东汉时期的尺子（见图4-2-3），因上边铸有菱形纹饰，所以称之为"菱形纹青铜尺"。青铜尺有残，残长20.5厘米，宽2.1厘米。东汉的一尺相当于今天的0.231~0.237米，比今天使用的尺子短一些，所以人们看《三国演义》时，往往被身高7尺、8尺的将军所震撼，其实当时的7尺，相当于今天的1.617~1.659米，并没有书中写得那么高大。所谓堂堂7尺男儿，听起来怪吓人的，实际上连1.66米都不到，远没有达到今天中国男人平均1.71米的身高。

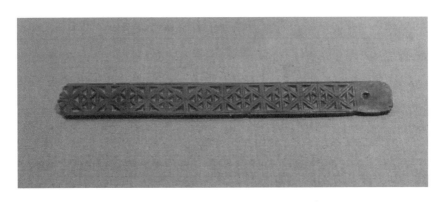

图4-2-3　菱形纹青铜尺（中国国家博物馆藏）

量器，最早出现在距今5000多年前甘肃大地湾文化的F901原始宫殿，这里出土了一套造型奇特的古量器，分别为条形盘、铲形抄、箕形抄和四把深腹罐等，经过实测表明，这是一套二进制和十进制相结合使用的古量器。量器在发展的过程中并不统一，直到秦始皇统一六国之后，才第一次有了统一的标准。现藏于上海博物馆的商鞅青铜方升（见图4-2-4），正是商鞅变法时期秦国规定的标准器，时间在秦孝公十八年（公元前344年）。秦始皇在统一六国之后，又在底部加刻了秦始皇二十六年（公元前221年）诏书："廿六年，皇帝尽并兼天下诸侯，黔首大安，立号为皇帝，乃诏丞相状、绾，法度量则不壹歉疑者，皆明壹之。"即命令丞相隗状和王绾把商鞅变法时期既定的制度推行到全国各地。

图 4-2-4 商鞅青铜方升（上海博物馆藏）

另外，上海博物馆还收藏有一件王莽时期的青铜衡（见图 4-2-5），青铜衡长 39.5 厘米，宽 3.3 厘米，厚 1.6 厘米，重 1792.5 克，上有 9 字铭文"十一月辛丑日冬至日制"，大约是公元 6 年制作。中国国家博物馆收藏有一件青铜器，从实物分析，应该是后来提系杆秤的前身。提系杆秤过去是 16 两，在我国使用时间比较长，直到今天不少地方还在使用，20 世纪 60 年代改 16 两为 10 两，成语半斤八两正是从 16 两秤而来。16 两为 1 斤，据说是以北斗七星加南斗六星再加上福禄寿三星共是十六星。寓意一个人如果短斤少两，则会影响自身的幸福安康。这虽然是宣扬迷信，但在古代对人们平时的行为却有很强的约束作用，因为任何人都不愿意少福、缺钱、短命。它劝导做人做事

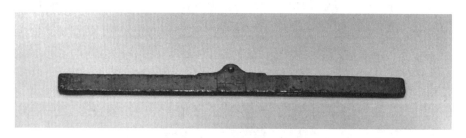

图 4-2-5 青铜衡（上海博物馆藏）

要从善如流,积德行善,福荫后代,让人们在生活中不断地反思自己的行为是否符合做人的基本要求与社会规范,给人以心灵上的震慑,使活着的人惧怕死后进入未知世界遭到报应和殃及子孙后代,多多少少对于社会的安定会有一定的效果。

另外,中国国家博物馆还收藏有一件汉代的矩尺,则是标准的测量工具。

中国古代青铜材质的度量衡的种类比较多,尤其在秦统一之前造型并不统一。例如今天人们不熟悉的"钟",就是古量器的一种。

钟为容器,一般以盛装粮食居多。管子首次在屯田的计划中说:"请以令发师置屯籍农,十钟之家不行,百钟之家不行,千钟之家不行。行者不能百之一,千之十,而困窘之数皆见于上矣。"(《管子·轻重乙》)这里的"十钟""百钟""千钟"的"钟"指的正是装粮食用的容器及数量,用以说明家庭的富裕程度。现藏于陕西省麟游县博物馆的青铜钟可为一例(见图4-2-6)。该钟出土于麟游县澄铭窑乡,是战国时期的量器。

图4-2-6 青铜钟(陕西省麟游县澄铭窑乡出土)

钟是春秋战国时期的常用量器，1钟为64斗，1斗为6.75~7.5公斤，1钟粮食相当于今天的432~480公斤。《孙子兵法·作战篇》中说："善用兵者，役不再籍，粮不三载；取用于国，因粮于敌，故军食可足也。国之贫于师者远输，远输则百姓贫。……故智将务食于敌，食敌一钟，当吾二十钟，䓤秆一石，当吾二十石。"大军事家孙子的观点是：善于用兵的将帅不再次征兵，不三次运粮。只第一次随军运粮至敌境，以后便因粮于敌，等到凯旋时，再运第二次粮到国境迎接，不做第三次运粮。长途运粮耗费过大会造成国家贫困，最好的办法就是在作战区域就地解决，因为吃敌人1"钟"粮食，可以抵得上国内运来的20"钟"粮食。聪明的将领都应该从敌国补充粮食，以保障士兵的战斗力，而不是凭靠国内的粮食补给，以避免拖垮自己的国家。从军事后勤保障角度讲，最佳方案是就地解决给养。由此可见，当时的钟是计算口粮的重要器物。

到了汉朝，鼎也有作为量器使用。如宁夏回族自治区固原博物馆收藏的一件带有"朝那"铭文的青铜鼎（见图4-2-7），就具有量器的功能。朝那青铜鼎因其鼎身铭文有"朝那"二字而得名。朝那（zhū nuó），古地名，西汉初年置，在今天宁夏回族自治区的彭阳县，有古城遗址残存。

图4-2-7　朝那鼎及铭文（宁夏回族自治区彭阳县出土）

朝那鼎1986年出土于彭阳县古城乡，铸造于西汉时期。朝那鼎高23.3厘米，口径17.5厘米，腹深13.2厘米，兽蹄素面。上錾有三段铭文，都涉及容量。分别为：第廿九五年朝那，容二斗二升，重十二斤四两；今二斗一升，乌氏；今二斗一升十一斤五两。毫无疑问，该鼎为朝那当地政府所有，是用于校正容量的官鼎。至于"第廿九五年"，"五年"是指汉朝某一帝的第五年铸造，而"第廿九"则进一步表明类似于这样的官鼎至少铸造了29件，以鼎为量器虽不多见，却反映出当地官方的重视程度。

度量衡是长期生产生活的实践产物，是文明规范的需要，秦始皇统一六国后，采取规范、标准的度量衡，标志着国家对度量衡的强制性标准行为，其功不可没。

二、情爱悠悠

月有阴晴圆缺，人有悲欢离合。亘古不变的爱情故事不仅仅写在纸面上，流传在人世间，同样也刻画在器物中，铸造在青铜器上。现藏于上海博物馆的一件叫作"吴王夫差盉"的青铜器，就为我们再现了一段生离死别的人间情爱。

"吴王夫差盉"系何鸿章先生捐赠（见图4-2-8）。盉高27.8厘米，口径

图4-2-8　吴王夫差盉（上海博物馆藏）

11.7 厘米，腹径 24.9 厘米。通体由龙纹装饰，其提梁采用一条龙的造型，作为把手显示出与众不同的高贵身份。

吴王夫差盉器形中规中矩，大气优美，堪称上乘之作，其珍贵之处还在于此盉是目前发现的吴王夫差唯一的一件带铭文的青铜酒器。

吴王夫差盉最令人大跌眼镜的是该盉肩上的铭文，其铭文曰："吴王夫差吴金铸女子之器吉。"内容是说吴王夫差用诸侯奉献给他的青铜，为他心爱的一位女子铸造了这件美盉，并镌刻上自己的心愿，为我们讲述着一段逝去的爱情故事。

吴王夫差是春秋五霸之一阖闾的儿子，公元前 495 年 ~ 前 473 年在位，曾经因以少胜多的夫椒之战打败越国而显赫一时。公元前 496 年，阖闾在与越国的战争中不幸去世，为报越王勾践的杀父之仇，夫差在孙子、伍子胥等大臣的辅佐下，发展经济，储备粮草，训练军士，为伐越积极备战。公元前 494 年，勾践企图先发制人，兴兵攻吴。吴王夫差以精兵应战，两军相遇于夫椒，在五湖（今太湖地区）展开了激战。吴军在孙子和伍子胥的率领下，以逸待劳，依靠对地形的熟悉，趁越军立足未稳，集中优势兵力直接攻入越营，越军大败。吴军乘胜追击再次大败越兵，越兵损失殆尽，俯首称臣，并且献上西施，以美人计来迷惑吴王。

西施是中国传说中的四大美女之一，浙江省诸暨市人。据说与越国的谋臣范蠡有山盟海誓的爱情，但为了国家的利益，范蠡忍痛割爱将女友西施献给吴王夫差。当然西施的任务不是讨吴王喜欢那么简单，而是要吴国灭亡。吴王非常喜欢西施，为了获取西施的爱情，不惜大兴土木，消耗国力，最终被越国打败，自杀身亡。而西施完成间谍使命之后，重新回到范蠡的身边，双双泛舟五湖，尽享天伦之乐。

西施的故事婉转动人，千百年来令人们津津乐道，夫差的结局是悲哀的，人们难免长吁短叹。但是，美好的爱情却是人类探讨的永恒主题，夫差所铸器物甚少，尤其是饮食器物，这件盉是目前发现的唯一一件青铜酒器，极有可能就是为西施而作，或许因得不到西施的真爱不得已而为之，聊以自慰。叱咤风云的吴王夫差尚且如此情意绵绵，更何况凡夫俗子与芸芸众生。

三、过眼烟云

人生如同旅途，在这一过程中，重在参与，这是我们今天的观点，然而古代社会却不是这样。在古人看来，首先是享受人生，其次是要构建地府。因此，那些王公贵族，巨贾富商，甚至于稍有一点社会地位或者权势的人，他们活着醉生梦死，死后继续穷奢极欲，从天子的九鼎八簋九鬲到最低一级士的一鼎无簋，包括盘、匜、缶、卣、爵、觚、觯、壶、觥、盉、彝、盨、豆、钟、铙、盂、鉴、灯、刀等青铜器的大量陪葬，就是最好的证明。

1989年出土于江西省新干县大洋洲商代遗址中的青铜假腹豆（见图4-2-9、图4-2-10），颇值得关注。豆高13.6厘米，口径15.2厘米，足径9.7厘米，簋腹极浅，只有2.2厘米，所以也有叫作浅腹簋。兽面纹、十字形镂空，现藏江西省博物馆。

图4-2-9 假腹豆一（江西省新干县出土）　　图4-2-10 假腹豆二（江西省新干县出土）

假腹豆的命名颇有文化内涵。中国人往往把人体各部位对应于器物的各部位，如耳、足、乳丁纹、腹等等。腹，就是肚子；假腹，就是假装鼓起的肚子。豆是食器，专门盛放肉、腌制的菜以及干果等，有点类似于今天的高脚盘子，绝大多数有腹，便于盛放食物。江西省新干县大洋洲商代遗址中出土的假腹豆，没有腹，因而称之为假腹。没有腹的豆是用来做什么的呢？豆既是食器同时也是礼器，常与偶数组合使用。假腹豆，应该是一件不折不扣的祭器，是用于祭祀的重器。

我们知道，在商朝青铜是贵金属，所以称之为"金"，不用说老百姓用不起，就是贵族也不敢过于大手大脚用。一件假腹豆所耗费的青铜，起码可以铸造两件相同的豆。为何舍二求一，答案很清楚：用于祭祀的东西是不计成本的，因为精美的祭器、隆重的活动、虔诚的表现，一定会带来巨大的永远的福分，至少当时的王、诸侯和贵族们是这样想象和实施的。

还有陕西省宝鸡青铜器博物院收藏的一件国家级重器——夫簋（见图4-2-11），虽然是最高级别的王簋，其功能依然是祭器。夫簋高59厘米，口径43厘米，腹深23厘米，重630千克。1978年出土于陕西省扶风县法门镇。

图4-2-11　夫簋（陕西省扶风县法门镇出土）

夫簋铸造于周厉王十二年（公元前866年），被称为簋中之王。由于《史记·周本纪》中有"夷王崩，子厉王胡立"的记载，所以，夫簋又称周厉王簋、胡簋，是目前已发现的极个别有明确断代为西周的王器。

在簋内的底部铸有 12 行 124 个字，记载了西周第十位天子周厉王祭祀祖先时的祝词。主要内容是夸奖自己如何勤勤恳恳忠于职守，同时祈求上天保佑祖先赐福。

周厉王姓姬名胡，是中国历史上有名的暴君之一，好利暴政，重用奸人荣夷公，使朝政失明昏暗，百姓怨声载道。史称"周厉王无道，诸侯或叛之。西戎反王室"（《史记·秦本纪》）。就是这样一位无道无德的人物，居然有脸把自己打扮成为国为民的明君。其实谁都明白：他在说假话，他知道自己在说假话，老百姓也知道他们的王在说假话。所以任凭他如何表白自己，任凭他如何自我夸奖和自吹自擂，任凭他如何祈求祖先保佑，事实恰恰相反，由于他的"无道"，结果只能是天怒人怨未能得善终。

事实就是这样，世界上没有一成不变的东西，梦想未必能够成真，奢望更是过眼烟云。历史在发展中变化，社会在发展中前进，是不以人们的意志为转移的。正如杨慎在《浪淘沙》一词中所说："滚滚长江东逝水，浪花淘尽英雄。"面对令人眼花缭乱的青铜器，面对事死如事生的折腾，不知道大家做何感想。

第三节　黄钟大吕

音乐起源非常早，当先民们还不知道"礼"的时候，便为纪念亡灵、欢庆渔猎及庄稼丰收而随着乐舞之蹈之，来宣泄情感。乐在生活的方方面面都有运用。《礼记·乐记》说："凡音之起，由人心生也。人心之动，物使之然也。感于物而动，故形于声。声相应，故生变。变成方，谓之音。比音而乐之，及干、戚、羽、旄，谓之乐。"在古人看来，音乐分为音和乐两大部分，音主要是发声，包括乐器；乐主要是舞蹈，包括肢体语言。黄钟大吕主要表现音，在古代中国的金、石、丝、竹、匏、土、革、木八音当中属于"金"。

具体而言,青铜乐器主要有钟、镈、铙、钲、句鑃、錞于、铃、铎、鼓、笙等,作为礼乐制度的主要构成,既是愉悦耳目提升生活质量的重要部分,更是身份和地位的具体表现。

一、靡靡郑音

中国是文明古国,更是音乐王国,据说早在距今5000年前的黄帝时期就已经有音乐演出,不过大多数是埙、铃之类的陶质乐器。然而,考古发现,中国最早的乐器是河南省贾湖遗址的骨笛,距今已有9000年的历史。事实上对人们影响最大的还是在传统文化当中占据一席之地的青铜乐器,尤其是钟、编钟。

图 4-3-1 青铜甬钟
(安徽省铜陵市董店乡出土)

钟,大家最熟悉的青铜乐器,晨钟暮鼓、钟鸣鼎食、黄钟瓦釜、毁钟为铎、钟鼓之色、以莛叩钟等与音乐相关的成语人们早已耳熟能详。钟是古代青铜乐器当中位置最重要、数量最多的一种打击乐器,在祭祀和飨宴当中都离不开它。

钟在西周时期开始流行,一般认为是由商朝的铙演变而来。主要种类有甬钟、镈钟、纽钟、编钟等。如安徽博物院收藏的带钟柄的甬钟,可视为标准器(见图4-3-1),该钟1993年出土于安徽铜陵县(今铜陵市)的董店乡,是西周时期的青铜乐器。此为单独悬挂的特钟,钟顶的甬有近似于半圆圈的纽钟。

钟是最常见的乐器之一,也是重要的礼器。在中国古代,谈乐离不开礼,而讲礼也离不开乐,礼乐作为制度关乎国家兴亡[①]。在古代政治家的天平上,乐与礼一样,都是治国兴邦的有效砝码,在他

---

① 徐日辉:《论司马迁笔下的礼乐制度》,载《学术月刊》2000年6期。

们看来，乐的属性是"和"，最大功用是协调各方、和谐各方，所谓"声音之道，与政通矣"（《礼记·乐记》）。一首好的音乐能使民心端正，能使士兵奋勇向前。反之靡靡之音则会使人意志消退，沉湎于声色犬马之中，导致亡国灭种。历史上著名的郑卫之音，就被认为是亡国之音。出土于河南省新郑市的郑国青铜乐器，正是最好的诠释。

从1993年开始，考古工作者先后在新郑市的郑韩故城遗址内发现了近千件郑国的青铜乐器，其中1996年一次就出土了青铜编钟206件。现藏于郑州博物馆的郑国编钟就是诸多青铜乐器中的一套（见图4-3-2）。这套编钟分上下三层，上层为钮钟10枚，中层亦为钮钟10枚，下层为镈钟4枚，是春秋时期的器物，它证实了郑卫之音的说法。

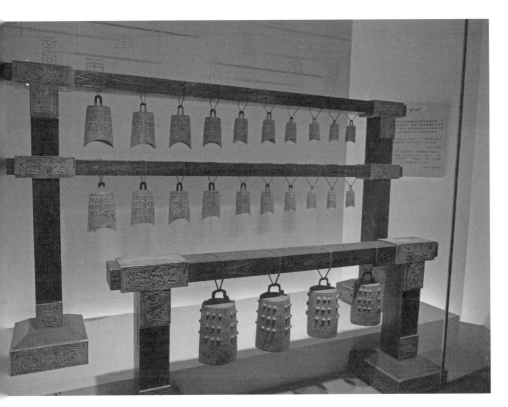

图 4-3-2　青铜编钟（河南省新郑市郑韩故城遗址出土）

郑卫之音泛指春秋时期郑国和卫国的音乐。郑国，最初在陕西省华县（今华州区），在周幽王时期迁徙到今天河南省的荥阳、新密、新郑一带。卫国是周武王弟康叔的后裔所建，大体范围在今天的河北省南部与河南省北部一带，卫国前后存在830余年，是历史上存在时间最长的诸侯国，曾经建都于朝歌（今河南省淇县）。

郑国地处中原腹地，交通便捷，有着发达的商业贸易和农业经济，春秋初期非常富裕，曾经是中原的一流大国，尤其是文化生活堪称各国之首，其中又以音乐为代表。

中国有句古话说得好："千里不同风，百里不同俗"，道出了中国民俗文化的特色所在。一部《诗经》之"国风"就是汇集了15个地区的诗歌集。而"风"则是不同地区的文化习俗、音乐舞蹈。《诗·郑风·溱洧》称："溱与洧，方涣涣兮。士与女，方秉蕳兮。女曰：'观乎！'士曰：'既且。''且往观乎？洧之外，洵訏且乐。'维士与女，伊其相谑，赠之以芍药"。

作为郑国的地方音乐，"溱洧"是一首爱情诗。阳春三月的上巳节，是流行于先秦时期春天里的一个重要的节日，被称为"祓禊"。这一天人们纷纷外出踏青，享受春天的气息，感悟大自然的恩赐，到水边去洗濯祓除邪祟祈求平安。在上巳节期间，郑国的男女青年们相会在溱水和洧水边畔谈情说爱，年轻人手牵着手互诉衷肠恋爱戏耍，你唱我和，淳朴无邪，并且相互"赠之以芍药"。

芍药是中国的爱情之花，与西方的玫瑰一样。早在2500多年前郑国人就风行给情人送芍药花。互送芍药反映出当时郑国宽容、开放、和谐的社会风气。由于郑国十分富裕，所以人们有条件谈情说爱，追求幸福。

郑国的音乐在当时影响很大，类似于今天的流行音乐，颇受社会欢迎。如河南省博物院收藏的编钟（见图4-3-3），完全可以证明郑国音乐事业的发达。甚至魏文侯也说："吾端冕而听古乐，则唯恐卧，听郑卫之音，则不知倦。"（《礼记·乐记》）由此可见郑音是风靡一时的流行音乐，所以魏文侯一听传统的古乐就犯困，想睡觉，而听见郑音时便神清气爽精神抖擞。还有赵国喜好音乐的赵烈侯对郑音也是推崇有加，对来自郑国的"枪、石"两位歌手

图4-3-3 青铜编钟（河南省新郑市郑韩故城遗址出土）

每人赏赐万亩良田（《史记·赵世家》），表明当时郑国的音乐人在社会上受人尊敬的程度，完全不亚于今天的大牌歌星。

音乐与人类的生活密切相关，经过上万年的发展传承，已经成为日常生活中不可或缺的一部分，但是，人们只有吃饱了肚子才有可能发展音乐。1960年我正读小学一年级，当时非常饥饿，说话都没有力气，学校根本不开音乐课和体育课，直到1964年初，学校才开始恢复正常的教学科目。所以说，今天人们极为诟病的广场舞，是吃饱饭之后才会出现的。因此，对于历史上的郑音应该赞扬才是。至于孔子认为它是靡靡之音，而加以斥责，显然是有问题的，这应该与他一生的坎坷经历有关，孔子在长期不如意的生活环境下，心态也可能会发生变化。

二、金铃和镈

青铜乐器的种类比其他乐器要丰富一些，造型也各具特色，既有传承，也有发展，其中造型大体一致的青铜乐器以钟、镈、铙、铎为代表。不过，在长期的发展过程中因地域不同逐渐形成了南北之间的差异。

在南方地区的青铜乐器当中，镈是商朝时兴起于南方的打击乐器，从发展轨迹考察，镈是从古老的铃发展而来。

铃是中国最早使用的乐器，考古发现，早在夏朝时期就已经有青铜铃在使用，河南博物院现藏有一件青铜铃（见图4-3-4），该青铜铃高9厘米，带翼，1975年出土于河南省偃师市二里头遗址。

无独有偶，在安徽博物院同样收藏有一件夏朝的青铜铃，同样带翼，称为

图 4-3-4 河南青铜铃
（河南省偃师市二里头出土）

图 4-3-5 安徽青铜铃
（安徽省肥西县馆驿大墩孜出土）

图 4-3-6 牛首纹立鸟青铜镈
（江西省新干县大洋洲出土）

"单扉铜铃"（见图 4-3-5），1972 年出土于安徽肥西县的馆驿大墩孜。对比两件青铜铃，造型完全一样，几乎是一个模子里铸出来的，说明 4000 年前的中国人就已经在广泛使用相同的青铜乐器演奏音乐，美化和丰富生活了。

在南方地区，由铃到镈完成了它的华丽转身，展现在世人面前，其中江西省博物院收藏的"牛首纹立鸟青铜镈"最具鲜明的特色。

镈与钟都属于乐器中的打击乐器，多为平口。1989 年出土于江西省新干县大洋洲的牛首纹立鸟青铜镈，从中可以看出明显的传承痕迹。该镈高 31.6 厘米，重 12.6 千克（见图 4-3-6），是商朝的青铜乐器。所饰的牛首纹饰意在突出牛作为六畜之首在南方稻作农业中的地位。此镈正面还有一对弧内的牛角合抱着鱼形几何纹环绕的涡纹等，具有鲜明的地方特色，通过牛首纹立鸟青铜镈，可以进一步证实鱼米之乡农业经济的发达。

赣江流域新干县大洋洲出土的镈是目前青铜镈中年代最早的一件，证实了镈是从南方兴起后逐渐传入北方地区的历史事实。

镈是一种大型的打击乐器，在合乐时起着控制节奏的指挥作用，无论是帝王还是贵族们在举行祭祀或者飨宴时，都会将镈与编钟、编磬配合使用，所谓的钟鸣鼎食即此。

不过，镈在北方地区的发展远远超过了南方，如中国国家博物馆收藏的一件叫作"夆"（líng）的青铜镈（见图4-3-7），镈通高65厘米，口长44厘米，口宽34.5厘米。据传它1870年出土于山西省万荣县的后土祠。

镈身有铭文174个字，记载了鲍叔牙有功于齐，受到齐桓公赏赐土地和民人的史实。鲍氏后人在追思先祖业绩的同时，祈求福佑鲍氏子弟健康长寿，并且以此来勉励自己要努力奋发等。鲍叔牙是春秋时期齐国著名的大夫，他一生最大的贡献就是向齐桓公推荐了管仲。齐国在管仲的改革之下迅速强大，成为东方的霸主，而齐桓公则成为春秋五霸的第一人。

值得一提的是，远在西部的秦人所铸造的青铜镈，与东方诸国相比毫不逊色，在气势和工艺方面甚至超过了东方诸国。1978年陕西省凤翔县太公庙出土的秦公镈震惊了学术界。秦公镈一组3件，其中一件通高75.1厘米，边宽30.4厘米×26厘米，重62.5千克（见图4-3-8），是秦武公祭祀祖先的礼器。

图4-3-7　夆青铜镈（山西省万荣县出土）

图4-3-8　秦公镈（陕西省凤翔县太公庙出土）

秦公镈造型霸气，工艺繁缛，体现出春秋早期秦国高超的铸造水平。上有"我先祖受天命，赏宅受国"等铭文

135字[1]，主要记载了秦人的先祖秦襄公被周平王封为诸侯的历史，以及秦文公、秦静公、秦宪公的四代世系，对于秦文化的研究有着重要的意义。

《楚辞·大招》曰："代秦郑卫，鸣竽张只。……叩钟调磬，娱人乱只。"是说秦声秦乐与郑、卫、代国的乐器组合在一起相互比奏，叩钟调磬变化无穷，"歌舞场面极繁而大，则有编钟为正奏。……又叩钟调磬，则有特钟，以节终始"[2]。在古代一些重要的音乐活动中，钟与磬往往是合在一起演奏的。太公庙秦公镈的发现，以及宋代出土的秦公镈上的"雔雔孔煌"之句，还有陕西省凤翔县南指挥村秦公1号大墓中出土的石磬上刻有"百乐咸奏，允煌孔乐"[3]等，成为可信的事实。百乐，指各种乐器在一起，有独奏也有合奏，表现出演奏场面之宏大，气氛之热烈高涨，不愧为大型音乐会的真实再现。

三、鼓乐喧天

乐器在远古时期除了宣泄情感的功用之外，更多的是用以作为招呼同伴、通知族人的行动信号，久而久之便成了丰富生活的乐器，鼓便是其中的一种。鼓称之为"革"，因用兽皮蒙面为名。现在的鼓是由陶鼓发展而来，距今已有7000多年的历史。在鼓的发展过程中，西南地区的铜鼓可谓独树一帜，尤其是被称为铜鼓之乡的广西壮族自治区的铜鼓。

唐代诗人韩愈一句"苍苍森八桂，兹地在湘南"，成为广西"八桂文化"的由来。广西是我国民族成分最多的自治区之一，其青铜文化带有明显的地方特色和民族文化的气息，特别是铜鼓文化。

在已发现的2000多面铜鼓当中，广西博物馆收藏360余面。其中最大的一面云雷纹大铜鼓，鼓面直径达到165厘米，残高67.5厘米，重299千克，号称世界鼓王。

---

[1] 霍彦儒，辛怡华主编：《商周金文编——宝鸡出土青铜器铭文集成》，三秦出版社2009年版，第517页。

[2] 姜亮夫：《楚辞通故》第三册，云南人民出版社1999年版，第300-312页。

[3] 马振智：《秦公大墓石磬文字联缀及有关问题》，载《陕西历史博物馆馆刊》第九辑。

铜鼓是广西壮族自治区古老骆越人生活中重要的器物，在他们的生活理念当中，铜鼓不仅仅是礼乐器，还代表着身份和地位，而且寓意着幸福安康，当然还代表着财富，现藏于中国国家博物馆的广西壮族自治区岑溪县出土的五铢钱纹、十二角芒青铜鼓，可谓最好的见证（见图4-3-9）。

图4-3-9　五铢钱纹、十二角芒青铜鼓（广西壮族自治区岑溪市出土）

铜鼓一般由鼓面、鼓胸、鼓腰、鼓足、鼓耳构成。鼓面一般等于或者大于胸、腰、足，多为平面，饰花纹图案，也有素面，并且铸有饰物。

五铢钱纹青铜鼓出土于1954年，通高57.2厘米，面径90厘米，底径87.5厘米。五铢钱纹青铜鼓是平面鼓，鼓面边缘一圈铸有6只蹲着的小青蛙，有趣的是青蛙的朝向是头对头面对面，好似在窃窃私语，十分稚趣可爱。鼓面和鼓周身饰有水波纹、云纹和五铢钱纹，所以命名为"五铢钱纹青铜鼓"。

西汉五铢钱是武帝元狩五年（公元前118年）在长安开始发行流通的，沿用了400多年。"五铢钱纹青铜鼓"在广西的发现，充分说明广西自古以来就与中原保持着经济上的贸易往来和文化上的相互交流，体现了民族之间的团结融合，当然，它也是对财富的祈盼，对美好生活的渴望。

需要指出的是，在广西发现的青铜鼓当中，鼓面的中心部位基本上都饰有十二角芒，象征太阳光芒照射的一年12个月，也有八角芒的，象征八方大地。

广西是青铜鼓的故乡，广西民族博物馆收藏有一面铜鼓，称为"鸟纹骑兽纹铜鼓"（见图4-3-10），极具特色。该鼓是传世的器物，1989年征集于广西邕宁县吴圩敢绿村村民雷毓津，是南北朝时期的青铜器，已有1000多年的历史。其珍贵之处在于铜鼓的腰部铸有一个人骑兽的造像，别具特色。其中的寓意不太清楚，但是骑兽者一定不是凡人，应该是神仙骑乘瑞兽，会给人们带来和平吉祥。

图4-3-10　鸟纹骑兽纹铜鼓及腰部的骑兽（广西壮族自治区邕宁县吴圩敢绿村征集）

广西地区历史上曾经流行过一种造型奇特的钟，叫作羊角钮钟，该钟与鼓配器相得益彰。现藏于广西壮族自治区博物馆的一组六件羊角钮钟，卓尔不凡。此组羊角钮钟高 27 厘米，口径 12.3 厘米 ~17.5 厘米，1972 年出土于广西壮族自治区西林县善驮粮站前，是西汉时期的器物，流行于我国西南地区和越南的北部地区。其造型的特点就在于钟顶端的钮是两只分开的角，如同小女孩头上的犄角小辫子，更像是羊头上的角，妙趣横生，所以称之为羊角钮钟（见图 4-3-11）。在鼓乐喧天的欢庆气氛中，响亮的钟声无疑起着画龙点睛的作用。

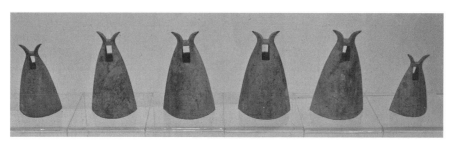

图 4-3-11　羊角钮钟（广西壮族自治区西林县善驮粮站前出土）

西南地区民族众多，文化丰富多彩，别具特色。云南地区的葫芦丝是人们最熟知的乐器之一，长期以来云南等地以吹"笙"来表现情感、传递信息，虽然时代、背景、环境、目的发生了变化，而其基本功能则依然如故。

其实葫芦丝是从葫芦笙延转而来，云南省博物馆收藏的一件"立牛铜葫芦笙"称得上是世之极品（见图 4-3-12）。该笙高 28.2 厘米，1972 年出土于云南省玉溪市江川县（今江川区）李家山 24 号墓，是战国时期的青铜乐器。用牛造型是云南地区青铜器的鲜明特色，我们在多件不同的青铜器上都有发现，表明该地区是以农业经济为主体。

图 4-3-12　立牛铜葫芦笙（云南省江川县出土）

立牛铜葫芦笙正面开有5个孔，背面开1个孔。那么，这件葫芦丝是如何吹奏的呢？它出土时在孔里还有残留竹管，表明是用竹管插入铜孔中进行吹奏。毫无疑问，立牛铜葫芦笙最大的亮点在于笙的造型如同葫芦，尤其是在笙的顶部铸有一头小牛，高高在上地站立着，而拖于地面的长尾巴更显示出可爱的形态，其构思之奇特，造型之精妙，令观看者无不拍案叫绝。

第四节　楚音绕梁

　　楚文化历史悠久而又异常瑰丽，在中国的传统文化中占有十分重要的地位，以屈原、宋玉为代表的《楚辞》，与《诗经》并行为中国文学史上的佼佼者，而刘邦又将独特的楚地文化及音乐带入汉朝，成为今天汉文化的主要构成之一。楚文化对中华文化发展的贡献是多方面的，尤其在青铜器方面，堪称天马行空独树一帜。

一、瑰丽的楚文化

　　在中国乃至全世界，只要些许知晓青铜器的人，几乎没有人不知道湖北省的曾侯乙墓。作为楚文化当中青铜器的佼佼者，一对硕大无朋威风凛凛的青铜大尊缶，如同从星际而来，降落人间。

　　创造是人类心灵的反映，人是上帝的影子。世界万物当中唯有人具备高智商和高水平的创造力，特色不是刻意追求的，而是在学习借鉴的过程中循序渐进形成的新面貌，因此灿烂辉煌的楚文化说到底就是人化、人文化。

　　缶，古代盛酒的酒器，是贵族们生活当中不可缺少的青铜器，器形以圆体居多，分为盖与体两部分，有大有小，功能为贮藏，而且是以贮藏酒为主。

　　今天在北京市中国国家博物馆和湖北省武汉市湖北省博物馆，各收藏有一件名扬海内外的青铜大尊缶，因该缶底部有"曾侯乙作持用终"7字铭文，知其为战国时期曾侯乙自己使用过的盛酒器。

尊缶通高 124.5 厘米，口径 48.4 厘米，足径 69 厘米，重达 327.5 千克（见图 4-4-1、图 4-4-2），这是迄今为止我国出土的最大最重的先秦酒器，堪称中国酒器之王。大缶体型巨大，通身饰有蟠螭纹、重环纹、蕉叶纹、涡纹、带纹等，极其精美，难得一见。

图 4-4-1　中国国家博物馆藏青铜尊缶
（湖北省随州市擂鼓墩出土）

图 4-4-2　湖北省博物馆藏青铜尊缶
（湖北省随州市擂鼓墩出土）

青铜大尊缶出土的时候里边还存有当时的酒液，历经 2400 多年仍然酒香四溢，令人感受到当时楚人高超的科技水平与贵族们盛宴的豪气，真正令人叹为观止。

然而两只青铜尊缶本来是一对亲兄弟，它们在地下相依为命了 2000 多年，而今一南一北，活生生地被分开，着实令人不快，不知何年何月它们兄弟才能相见。

二、曾侯乙的世界

曾侯乙姓姬名乙，是周王室的分支，距今 2448 年前曾（随）国的国君。遗憾的是历史上并没有有关于他的明确记载，直到 1978 年在湖北省随州市擂鼓墩的考古发现他，才为世人知晓，很快就成为世界级的名人，引来无数人的关注。

不过，人们之所以关注他，并非曾侯乙本人有什么特殊的地方，而是在他的墓里发现了令人瞠目结舌的随葬品，其中最吸引人眼球的正是举世无双的青铜编钟。

曾侯乙编钟一共65件，其中一枚是楚惠王赠送的镈，其余钮钟19件，甬钟45件，分为上中下3层8组悬挂在用铜和木做成的钟架上（见图4-4-3）。上层3组为钮钟，19件。中层3组为甬钟，33件；下层分两组12件，另外有镈1件，系楚惠王五十六年（公元前433年），由楚惠王本人特意赠送的礼品，与编钟不是一套。

图4-4-3　曾侯乙编钟及细部（湖北省随州市擂鼓墩出土）

编钟的钟架，长钟架长7.48米，高2.65米；短钟架长3.35米，高2.73米。由6个身佩宝剑的武士和8个圆柱共同承载着5000千克的重量。

编钟最大的一枚高152.3厘米，重203.6千克；最小的一枚高20.4厘米，重2.4千克，钟的总重量为2567千克，加上钟架等青铜部分，总重量为4421.48千克。

编钟采用传统的浑铸、分铸法铸造，并且还采用了铜焊、错金等镶嵌工艺，还包括不同技术手段的雕刻等，精湛华丽，大气高贵，世所罕见。

如果说音乐是人类的展示，那么，曾侯乙编钟已经远远超出人们的想象的空间，堪称叹为观止。在迄今出土的青铜乐器当中，无一可与此相匹敌。面对如此气势磅礴的编钟，观众不仅要问，曾侯想干什么？他生前极尽人间奢华，死后又倾国之力为其陪葬，真令后人匪夷所思。

钟、钟架、挂钩上面共有铭文3755个字，其内容包括编号、记事、标音以及相关的音律名称等，内容非常丰富，为研究中国古代音乐发展史提供了不可多得的珍贵资料，印证了《楚辞·大招》所说"伏羲驾辩，楚劳商只"的记载。

曾侯乙编钟是中国人聪明智慧的杰出体现，更是将周朝建立的礼乐制度发展到了极致，堪称前无古人后无来者。古代中国乐不仅仅是一种艺术形式，更多的则是阶级和身份地位的象征，被赋予了政治的内涵。所以《礼记·乐记》说："礼乐之事也，礼义立，则贵贱等矣。乐文同，则上下和矣。"从天子到一般官员使用的乐器是有着严格的规定，老百姓只能使用成本最低廉的物品制成的简单乐器，来宣泄自己的情感，这些物品包括丝、竹、瓠、土、革、木以及木片、竹叶等。在完璧归赵中的渑池会，秦昭王之所以不愿意为赵王击缶，原因就在于瓮缶，属于瓦器，比不上青铜乐器高贵。用现在的话说就是，在诸多王公大佬面前拍打一下老百姓吃饭用的瓦盆，太伤面子了，而聪明的蔺相如正是看中这一点才威逼秦昭王的。

毫无疑问，曾侯乙编钟被称为人类音乐史上的奇迹，全世界不可多得的瑰宝，当之无愧，来自世界各地的专家和游客无不为之倾倒。

曾侯乙墓一共出土文物 1.5 万多件，完全是一处地下文物宝库，在曾侯乙的世界里，最著名的有编钟、升鼎、饲鼎、缶、铜联禁壶等，称得上是洋洋大观。曾（随）国是一个小小的诸侯国，曾侯乙生前享受着无比奢华的生活，死后居然能够陪葬如此众多的随葬品，真是不可思议。当我们在赞美曾侯乙墓出土的青铜乐器时，谁又能想象到当年广大人民群众是怎样生活的呢？特别是那 13 名被屈死的殉葬之人。

战国时期的大思想家墨子以其强烈的忧患意识和对社会高度负责任的态度，针对社会上盛行埋葬鼎、鼓、几、梃、壶、鉴、戈、剑、车马、金玉珠玑等奢侈之风，旗帜鲜明地反对厚葬，提倡节葬、节丧，用财于活人，造福于社会。墨子提倡节约，这在今天看来也完全正确。[①] 不过，话又说回来，假如他们厉行节俭专注薄葬的话，历史恐怕要重新改写了。

---

① 徐日辉：《墨子"畜种菽粟不足以食之"略论》，载《浙江工商大学学报》2007 年 6 期。

三、钲铙句鑃錞于铎

文化交流与相互学习是中华文明持续发展的源泉之一，青铜器的发展创新同样经历了这样一个过程。考古发现表明，南方地区的青铜乐器有相当部分来自北方，并从部分乐器的学习借鉴，逐渐形成特色明显的地方性乐器，其中青铜乐器当中最具特色的莫过于句鑃（gōu diào）、錞于、钲等。句鑃是手持的青铜打击乐器，演奏起来比较方便，句鑃的造型与铙相近，主要用于祭祀，流行于长江流域的广大地区。如安徽博物院收藏的一件句鑃就颇具特色（见图4-4-4），该句鑃1985年出土于安徽省广德县的张家大村，一共9件，是春秋时期的青铜乐器。

在青铜乐器当中，与句鑃相像的是铙。铙既可以用于军旅，也可以用于祭祀和宴会，《周礼·鼓人》记载"以金铙止鼓"即此。铙最早发现于商朝武丁夫人的墓中。后来铙传到南方地区很快就流行起来。现藏于福建博物院的西周青铜大铙就是最好的证明。

西周青铜大铙（见图4-4-5），出土于福建省建瓯县（今建瓯市）小桥村。1978年12月26日，阳泽大队社员在山上开垦茶园时无意之中发现了这件宝贝。

图4-4-4 句鑃（安徽省广德县张家大村出土）　　图4-4-5 青铜大铙（福建省建瓯市小桥村出土）

青铜大铙高75.8厘米,甬长29.8厘米,铣间56.6厘米,重100.35千克。平口,钲部两侧分布36个突乳状枚,枚直径3.5厘米,高2厘米。青铜大铙饰有云雷纹、变体兽纹。大铙为椭圆形,系两片合范浇注而成。福建博物院所收藏的这件青铜铙体形硕大,纹饰精美,典雅庄重,在国内实属罕见,堪称佼佼者。

福建省素有"八闽"之称,八闽在《禹贡》中称"七闽",指福建一带七个小国家或七个部族。明代吴海《游鼓山记》中有"福为八闽都会",遂有八闽之称。从文化上讲,福建属于"百越"文化圈当中的闽越,却与楚文化及中原地区交流密切。

福建青铜大铙是西周乐器,其功能除了演奏音乐之外,还能与钟等组合,成为礼乐制度的表现。大家看到的钟、铙大多出现在中原地区,尤其是关中地区。但是,商周时期的福建,即所谓的蛮荒之地,竟然也出现了黄钟大吕,通过实物清楚地看到其接受中原文化的信息,表明遥远的东南一隅与中原一样有着丰富多彩的精神生活和文化氛围。

铙的造型各式各样,出土的文物有些极具特色,独领风骚。当我们将视野从东海之滨转向北方大地时,就会发现铙的功能不仅仅用于音乐演奏,还被赋予其他功能。如山西博物院收藏的舞铙,堪称别具一格(见图4-4-6)。这件舞铙出土于山西省石楼县的曹家垣村,是商代青铜乐器。此铙与众不同之处是全身布满了连环,既可以打击发声,又可以摇动作响,极具北方草原文化特色,又带有地方宗教法器的感觉,神秘莫测,绝无仅有。

成语"鸣金收兵",这里的金正是"钲"。钲,也叫丁宁,与镈于一样同属于军中乐器。钲

图4-4-6 青铜舞铙
(山西省石楼县出土)

的形状和铙差不多，所以又有小铙为钲的说法。中国国家博物馆收藏的一件"虎纹青铜钲"，高39.3厘米，铣距13.5厘米（见图4-4-7），传说是四川省新津县出土。这是战国时期巴蜀地区军人使用的军乐器，在钲的正面饰有老虎的图案，可能是当时巴蜀地区虎崇拜的标志，也有可能是某种吉祥符号。因为在长江下游地区的江西省新干县大洋洲就发现了大量以虎为图案的装饰，所以极有可能是用老虎的威风来激励英勇杀敌的战士。

图4-4-7　虎纹青铜钲及细部虎纹图案（四川省新津县出土）

军队是国家安全的保卫者，具有铁的纪律，令行禁止。在古代发号施令除了语言、旗帜之外，更重要的就是通过不同的器物发出不同的声音进行有效的传递，特别在战场的环境下，效果最为明显，包括使用不同的乐器。其中功能与钲相同的乐器，在北方地区经常使用的有一种叫作"铎"的打击乐器，一般认为是在军中使用。

内蒙古博物院收藏有一件鎏金铜铎（见图4-4-8），出土于内蒙古自治区通辽市吐尔基山辽墓，是我国辽代考古的重大成果，被评为2003年度全国考古十大新发现之一。由于此墓未被盗掘，收获颇丰，鎏金铜铎只是其中之一。此铜铎通身用黄金鎏过，极其精美，高贵华丽，显而易见应该出现在特定的场合而不是军中。蓝蓝的天上白云飘,白云下面马儿跑。内蒙古地区的人主要居住在帐篷中,这是草原文化的印记,从中我们感受到的不仅仅是房屋本身,而应该是房屋背后的故事。结合此辽墓的墓主人是契丹贵族女子分析,此铎极有可能是在大帐之中宣布法令或颁布其他信息时所用。

在南方流行的青铜乐器当中,錞于是一种比较特殊的打击乐器,一般在军队中使用。《周礼·鼓人》记载"以金錞和鼓",錞就是錞于,用錞于调和鼓声。所以《国语·晋语五》称"战以錞于、丁宁,儆其民也"。錞于的造型为桶状,顶部有钮,主要流行于长江流域。四川博物院就收藏有一件战国时期的虎钮錞于,该錞于1972年出土于重庆市涪陵区的小田溪(见图4-4-9)。从"虎纹青铜钲"到"虎钮錞于",作为巴蜀文化的见证之一,真实地反映出四川、重庆地区的文化面貌。

以四川省、重庆市为中心的巴蜀文化在长期的发展过程中,由于此地古代交通不便,多有封闭,很容易形成自己的文化特色,与东北、北部地区的区别十分明显。巴蜀自古农业生产相当发达,还盛产铜、盐、锦等,素有天府之国的美称,其音乐也别具一格,与中原地区各领风骚。

图 4-4-8　鎏金铜铎
(内蒙古自治区通辽市吐尔基山出土)

图 4-4-9　虎钮青铜錞于
(重庆市涪陵区小田溪出土)

錞于大多数是单件产品,但也有与其他乐器一样的成套组合,1985年江苏省镇江市谏壁王家山土墩墓出土的人面像青铜錞于就是一套3件,分为大、中、小一组。中号现藏于中国国家博物馆,大号与小号现藏于江苏省镇江博物馆。

大号錞于顶部直径32厘米,口径24.5厘米,高56.5厘米,弧顶、圆肩、无盘边,虎钮,而且向一边倾斜(见图4-4-10),是春秋时期吴国的器物。

图4-4-10 人面像青铜錞于和面部及鸟纹细部(江苏省镇江市谏壁王家山出土)

镇江博物馆所藏的青铜錞于与其他地区发现的錞于多有不同,最特别之处就在于錞于突起的肩部饰有一浮雕人面像。人像轮廓非常清晰,高颧骨、高鼻梁,双眼平视,炯炯有神,安静平和,形象逼真,颇有王者风范。如果说錞于多用于军事活动,那么镇江青铜錞于上的人,极有可能就是该军队的指挥官,或者说是吴王本人也未可知。

我们知道,艺术作品是在人们理性思维的前提下反映现实世界的产物,是艺术家情感与文化浇灌的结晶。镇江青铜錞于其更为奇特之处是,该錞于的身上饰有对鸟，尤其引人注目。鸟崇拜是越文化的标志之一，《越绝书》记载："大越海滨之民，独以鸟田，小大有差，进退有行，莫将自使，其故何也？""鸟田"是中国古代农业在南方发展过程中的一个表现，与越人的农业经济有着最直接的关系。作为以稻作农业为主要生产方式的吴越人，他们在历法不精确的古代，以不同习性的候鸟作为农时节气的标志，替代或补充历法，以获取农业的丰收。越人的鸟崇拜在此錞于上得到了验证。当然，通过镇江一套三件人面像与鸟纹青铜錞于的发现，以物证史，表明錞于不仅仅在巴蜀地区流行，同样也流行于长江流域。

第四章 礼仪秩序

第五章 衣食住行

生活离不开衣食住行，人生难免生老病亡，无一例外，人人平等。但是，丰富多彩的人生是由各种各样的物质支撑走过，包括琳琅满目的生活用品，既有生活的必需品，也有表现身份、地位、财富的奢侈品。既有老百姓的弊衣箪食，也有权贵巨贾们的锦衣玉食，更有显摆的肥马轻裘、千金一掷。汉代以前，青铜器不仅仅只是重要的等级标志、祭祀重器，更多的则是用于日常生活的消费品，用于满足一部分人生活需求的奢侈品，包括音乐、舞蹈、博弈。正因为如此，大量的青铜器在为我们展示中国古代文明的同时，也突显出中国人的聪明才智，包括以铜奔马为代表的惟妙惟肖的青铜动物，以及直接参加战斗的驰车和革车。既有冲锋陷阵的战车，也有炫耀权威巡狩四方的安车等。尤其是那些构思精妙、造型奇异、用途单一的生活品。从大到数千斤的钟鼎缶鉴，小到一枚针，以及盥洗用的盘匜浴缶、美化生活的镜子、旅行用的灯、晚上起夜的虎子、捣药用的罐杵等生活必需品，足以令21世纪的现代人叹为观止。

第一节　带钩连衣

生活就是一个万花筒，什么样的物件都有它的用途，居家过日子，多一件不富少一件不便。在考古发现与传世的青铜器当中，就有不少是生活中最普通最常见的物品，它们虽然没有礼器那样硕大、那样高贵、那样精美；但是，长期的社会实践使这些青铜器小物件成为服务生活的好帮手、称心顺手的必需品、美化生活的纪念品、喜闻乐见的小礼品和可圈可点的传世品。

一、生活小件

人与动物的最大区别就在于人知道羞耻，知道用衣服来遮盖私处，除非你愿意当穿新衣的皇帝。服饰是人类文明的标志之一，青铜器的发明和使用，尤其是青铜针的使用，使人类告别了上万年使用骨针的历史，从而使时装成为现实。线是通过针来完成缝补衣物的，甘肃省文物考古研究所收藏的一套青铜竹节铜针桶和青铜针（见图 5-1-1），见证了服饰文化发展的历史进程。此青铜针桶和青铜针出土于甘肃省永昌县的柴湾，距今 3000~2500 年，是西周时期的器物。

针是缝衣服的工具，任何人都离不开它，即便是黔首们穿的麻布粗衫它也要缝着穿。对于老百姓而言，针的作用尤为重要。直到今天，居家过日子仍然少不了针头线脑。有些地方小学生的手工课就让孩子们学习做针线活，最接地气。脍炙人口的孟郊诗："慈母手中线，游子身上衣。"一针一线为我们展现出感人肺腑的母子之情。

图 5-1-1　青铜竹节铜针桶、青铜针（甘肃省永昌县柴湾出土）

纽扣是衣服上不可缺少的功能性配件和美化性饰物，在当今的时装中扮演着越来越重要的角色。中国古代在使用纽扣的同时，还有一种叫作带钩的配件。带钩如同今天皮带上的挂钩一样，将上下左右连接起来。其中有不少制得作相当精美，完全是一件艺术品，并成为身份和富贵的象征。如中国国家博物馆收藏的两件生活用品带钩，可为代表。

一件叫作"错金嵌松石银纽青铜带钩"，另一件叫作"鎏金嵌松石玛瑙青铜带钩"（见图 5-1-2），都是战国时期的器物，1980 年由河南省洛阳市刘村村民捐赠。从带钩的错金嵌松石银纽和鎏金嵌松石玛瑙的工艺看，其使用材料的珍贵，非同一般的精湛工艺，充分显现出主人的尊贵身份。

图 5-1-2　错金嵌松石银纽青铜带钩、鎏金嵌松石玛瑙青铜带钩
（中国国家博物馆藏河南省洛阳市刘村村民捐赠）

青铜器是我国古代社会重要的等级标志，而日常使用的生活用品虽然比不上庙堂之上的重器，在社会活动中同样体现出财富和阶级，有时候会更加直观，毕竟去庙堂的次数有限，而生活天天在继续。例如，在河南博物院收藏有一件

错金嵌玉带钩（见图 5-1-3），出土于河南省三门峡市，这件战国时期的青铜带钩异常精美，在青铜带钩上错金嵌玉，并且打磨得极其细腻光滑，价值不菲，当时使用它的人应该光彩照人、洋洋得意，其装饰功能和观赏功能，已经远远超出了器物本身的使用功能。

图 5-1-3　错金嵌玉带钩（河南省三门峡市出土）

以上几件富丽堂皇的带钩，若不是王室的器物，也是被当时为数不多的达官贵人所拥有。

爱美之心人皆有之，美化生活是人类的本能，早在 1 万年前，人们就用美石、羽毛来装饰自己、打扮自己。用青铜铸造佩饰，最早可以追溯到距今 4000 年前的夏朝。现藏于甘肃省文物考古研究所的一件镂空青铜饰（见图 5-1-4），格外引人注目。该饰品出土于甘肃省玉门市的火烧沟遗址，是一件类似于长颈彩陶罐造型的青铜挂饰。

挂饰采取了镂空的方式，构思非常巧妙，既节省了青铜原料，又减轻了佩戴者承受的重量，更重要的是突出了艺术的感染力，彰显出美好生活的自美意识，增加了对社会美感的认同度，大属不易。

人们常说爱美是女性的大性，而化妆与化妆品在古代社会几乎就是女性的专属，时至今日，女性使用的化妆品是男性化妆品的几何倍数。在河北博物院收藏有一件相当精美的化妆工具，叫作铜朱雀衔环杯（见图 5-1-5），1968 年于河北省保定市满城县（今满城区）中山靖王刘胜妻子窦绾墓出土。环杯通高 11.2 厘米，宽 9.5 厘米，制作时间在公元前 206 年～公元 8 年。此杯通身鎏金，

图 5-1-4　镂空青铜饰
（甘肃省玉门市火烧沟出土）

图 5-1-5　铜朱雀衔环杯
（河北省满城县中山靖王刘胜妻子窦绾墓出土）

镶嵌了绿松石等宝石，相当珍贵，造型为朱雀衔环立于两个高足杯之间的动物背上，在朱雀的喙部衔一可以自由转动的白玉环，据说出土时环里还有残存的红色颜料，专家们认为应该是化妆品。据此可认定，朱雀衔环杯是王后窦绾使用的化妆架，也是她生前的心爱之物，所以死后随人陪葬。作为调和化妆品的用具，朱雀衔环杯的构思极为精妙，造型出乎意料，堪称绝佳的极品摆件。

二、心灵构思

眼睛是心灵的窗户，要观察这扇窗户，必须有镜子。镜子是人类自己发现自己优缺点的宝贝，人们通过镜子发现自己、打扮自己、美化自己。在化学镀银镜子产生之前，中国人使用青铜镜已有近 4000 年的历史，是唯一延续使用年代最久的青铜器物件。

青铜镜子是中国人生活的必需品，4000 年来究竟有多少人使用过镜子，恐怕谁也说不清楚，究竟生产和报废了多少面镜子，同样是谁也说不清楚。不过，第一面镜子现在已经确认，现藏于青海省博物馆。

中国最早的铜镜叫作七星纹青铜镜，1977 年出土于青海省海南藏族自治州的贵南县尕马台 25 号墓。铜镜直径 8.9 厘米，厚 0.3 厘米，重 109 克（见图 5-1-6），因镜的背面铸有七星纹，故称七星纹青铜镜。

图 5-1-6　七星纹青铜镜
（青海省海南藏族自治州贵南县
尕马台 25 号墓出土）

青海省出土的这面七星纹青铜镜是齐家文化时期的器物，距今已有4000年的历史，在中国青铜镜的发展史上堪称第一，弥足珍贵。

齐家文化因首先发现于甘肃省广河县齐家坪而得名。齐家文化的年代在公元前2100年~前1600年，上限被认为是夏文化的源头，下限可晚到商代。齐家文化分布范围较广，东起泾、渭河流域，西至河西走廊东部及青海东部，南抵白龙江流域，北达内蒙古自治区西南部以及宁夏回族自治区南部，即甘肃省、青海省、宁夏回族自治区及四川省、内蒙古自治区等地，东西长约800千米。齐家文化是典型的农业经济和畜牧经济的结合，是西北地区早期青铜文化的代表。

七星纹青铜镜出土时挂在男墓主人的胸前，是财富的象征。此镜不仅仅是合范浇注而成，而且饰有七星纹，其精美别致的造型，独具匠心的创意，表明4000年前青海已经出现了比较成熟的青铜铸造，证明当时的先民已经具备了一定的审美意识。极有可能是先民通过观察北斗七星，了解日月星辰的变化，并将其总结成生活经验而铸造在常用的生活器物之上的。

特别值得关注的是，这面最早的最珍贵的青铜镜子，竟然发现于一位不知名的男人身上，颇有些意思。青铜器在当时是贵金属，能够享受的人肯定不是太多，尤其是用青铜镜来打扮自己美化生活的男人，当属凤毛麟角。七星纹青铜镜的出土，真实地为我们展现出社会分配的差异，或者是用作通神行巫的法器也未可知。

在当今出土的青铜镜当中，有一组带"山"字纹的铜镜很值得注意。"山"字纹外国学者称之为丁字镜、T字镜。分别为三山纹镜、四山纹镜、五山纹镜和六山纹镜，其中四山纹镜比较常见。图5-1-7所示这面四山纹青铜镜，直径13.8厘米，厚0.5厘米，为著名大学者商承祚先生收藏后捐赠，现藏于深圳市博物馆。

相对于四山纹镜，五山纹镜就珍贵得多，图5-1-8所示是战国时期的五山纹青铜镜，出土于湖北省江陵县的九店15号墓，直径14.6厘米，厚0.7厘米，羽状纹饰底，有五个山字围绕着钮作右旋排列。

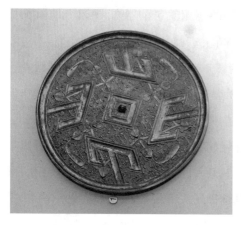

图 5-1-7　四山纹青铜镜（广东省深圳市博物馆藏）　　图 5-1-8　五山纹青铜镜（湖北省江陵县九店出土）

图 5-1-9　六山纹青铜镜（中国国家博物馆藏）

中国国家博物馆收藏有一面罕见的六山纹青铜镜，直径23.22厘米，厚0.6厘米（见图5-1-9），是战国时期的青铜器物。用山字作为装饰纹铸刻在铜镜上面，看似简单，其实不然，其内涵相当丰富。中国古代有以山为坐标的传统，虽然名山甚多，但具有坐标含义的只有五岳：东岳泰山，南岳衡山，西岳华山，北岳恒山，中岳嵩山。山水直到今天依然是区划不同地区的自然分界线，所以"山"字造型有人认为与战国时期各国之间的疆域相关，确实有一定的道理。此镜有六个山字围绕着钮作右旋排列，非常珍贵。不过，在广州南越王墓中也出土了一面与之相同的六山纹青铜镜，是为青铜镜中的极品。

中国的青铜镜以圆形居多，从镜子大的分类讲，可以分为自然图形和文人图形，细分类至少在15种以上。人们除了使用镜子照影子之外，在镜子的背面铸造出各种各样的图案，如大家熟悉的蟠螭纹镜、鸟兽纹镜、山字纹镜、星云镜、八卦镜、十二生肖镜、神兽镜、铭文镜、花草镜、瑞兽葡萄镜、双龙镜、双鱼镜、菱花镜等，极其丰富，不胜枚举。

宁夏回族自治区博物馆收藏有一面带柄的西夏文青铜镜（见图5-1-10），上面铸有西夏文"钱""佑"等文字，属于西夏国的遗物。

西夏是党项人建立的，而党项本是羌族的一支，公元1002年西夏李继迁借助辽国的势力攻占灵州（今宁夏回族自治区灵武市），使宋朝西北部边疆失去了藩篱。公元1038年，李元昊正式称帝，国号大夏，建都于兴庆府（今宁夏回族自治区的银川市），由于地处西北边陲，所以历史上称其为西夏。西夏文青铜镜虽然体量不大，却是目前发现罕见的一面西夏文青铜镜，其珍贵程度可想而知。

图5-1-10 西夏文青铜镜
（宁夏回族自治区博物馆藏）

生活中人人离不开的镜子，虽然极其普通，却有着不同的历史内涵，比如急速亡败的秦王朝，曾为后人留下不少故事，其中之一就是赫赫有名的"秦镜"。据说，"秦镜高悬"，可以从镜中将犯罪过程看得清清楚楚，所以它作为古代官衙断案的有效武器而广为流传。

一面小小的镜子，代表着不同时代的美好寓意，不同时代的文化信息，不同时代的生活轨迹。

三、光明天使

日月星辰周而复始，光阴似箭一去而不复返。人类早在几十万年以前就已经发现了日出于东落于西的自然现象，所以才有日出而作日落而息的生活规律。但是，对于精确时间的掌握却是在青铜器发明之后，如历史上曾经长期使用过的计时沙漏、沙钟。现藏于中国国家博物馆的青铜漏壶，正是典型的计时器和生活实用品（见图5-1-11）。此青铜漏壶1972年出土于内蒙古自治区杭锦旗，壶外刻有16字铭文"千章铜漏一，重卅二斤，河平二年四月造"。另有加刻"中阳铜漏"四字。河平二年（公元前27年），是西汉成帝年号。

图 5-1-11 青铜漏壶
（内蒙古自治区杭锦旗出土）

图 5-1-12 青铜沙滴（江西省南昌市新建区海昏侯刘贺墓出土）

无独有偶，2011~2015年在江西省南昌市的新建区北部考古发现的海昏侯刘贺墓，在东回廊也出土了一件青铜沙滴（见图5-1-12）。海昏侯刘贺是汉武帝的孙子，公元前74年7月18日在大将军霍光的拥立下当上了西汉皇帝。在当皇帝短短的27天内，刘贺竟然干了1127件荒唐的事，随即被赶下台，被称为废帝，公元前63年被封为海昏侯，公元前59年去世。刘贺虽然不成器，但是他墓葬里的东西却让世人大开眼界，在前后5年的考古工作中，一共出土了上万件珍贵文物，震惊了国内外，此青铜沙滴正是海昏侯刘贺墓中的一件陪葬品。比对一南一北相距2000公里左右的两件青铜漏壶、青铜沙滴，造型几乎一模一样，但海昏侯墓出土的年代还要早一些，它们之间的传承关系与两地之间的文化交流，很值得我们关注。

中国人通过计量沙粒从容器下漏的数量来测定时间，早在夏朝之前就已经在使用，已有4000年以上的历史，而西方人在1100年才开始使用，比中国人晚了3000多年。时间与空间是人类发展过程中首先碰到的最具体的问题，中国是传统的农业国家，在天文地理时间概念方面一直领先于世界，沙钟只是计时器的技术表现。

掌握时间发布节气是国家大事，而一般老百姓无非是日出而作日落而息，遵循着自然规律。夜晚和白天的时间各占一半，为了打发漫长的黑夜，人们又发明了灯，争取更多的时间为自己服务。

灯是由火塘、火把发展而来。青铜发明之后，在很长一段时间内，青铜灯一直是中国人生活的必需品。无论是考古发现的遗物，还是传世的用品，青铜灯存世数量非常之多，且造型各式各样，丰富多彩。例如：中国国家博物馆收藏的一盏战国时期的"人形青铜灯"，就颇具特色，极为精巧（见图 5-1-13）。该灯 1957 年出土于山东省诸城县（今诸城市）的葛埠村，通高 21.3 厘米，下边支撑人形底盘的直径宽 11.5 厘米，其稳定性和协调性相当到位。在灯的旁边还有一柄添加油的长把青铜勺，正好是完整的一套。一般情况下，单件灯居多，添油的工具较少，事实上普通家庭也不需要专门的添油的工具。文献记载，中国的灯具出现于战国时期，齐国人形青铜灯的发现，可以证明，最晚在战国时期已经发展得相当成熟了。

图 5-1-13　人形青铜灯（山东省诸城县葛埠村出土）

中国青铜灯具发展到汉代，达到一个新的高度。现藏于中国国家博物馆的"彩绘雁鱼青铜釭灯"（见图 5-1-14），正是汉代青铜灯的代表。青铜釭灯 1985 年出土于山西省朔县（今朔州市）的照十八庄，通高 52.6 厘米，下长 34.6 厘米，宽 17.8 厘米。

彩绘雁鱼青铜釭灯构思非常巧妙，主体造型为站立的鸿雁，颈部为雁形，

图 5-1-14 彩绘雁鱼青铜缸灯
（山西省朔县照十八庄出土）

嘴里叼着一条鱼，腹部为鱼形，鱼腹中空，为盛水的空间。"彩绘雁鱼青铜缸灯"的巧妙之处就在于，点燃时燃烧出的烟雾通过雁颈进入盛水的鱼腹，最后被溶解，减少烟雾对房间的污染，在享受艺术之美的同时，又突出了环保功能，充分展现出两千年前中国人的聪明才智和环保意识。

说到中国古代的灯具，最为精美的要数举世皆知的长信宫灯。这是一段故事，更是一段传奇。

1968年5月，解放军北京军区工程兵某部在河北省满城县（今满城区）进行战备施工，无意之中发现了中山靖王刘胜与妻子窦绾的墓。两墓一共出土随葬品6000多件（套、副），长信宫灯是其中最精美的一件，出土于窦绾墓（见图5-1-15），现藏河北博物院。

图 5-1-15 长信宫灯正面及背面（河北省满城县中山靖王刘胜妻子窦绾墓出土）

刘胜（公元前154年~前113年），汉景帝的儿子，汉武帝的异母兄。就是《三国演义》中那个号称刘皇叔刘备的祖先。刘胜为人极其好酒贪色荒淫，有儿子120余位。传到刘备（公元161年~223年）时，已经相距275年，那么多的儿子，时间跨度又那么长，所以到刘备时家境已经落魄不堪，只好以编草鞋为生了。

长信宫灯高48厘米，宫女高44.5厘米，重15.85千克。宫灯的整体造型是一个跪坐着的宫女双手执灯。由头部、身躯、右臂、灯座、灯盘和灯罩6部分分铸组装成。宫女身体中是空的，头部和右臂还可以拆卸。宫女的左手托住灯座，右手提着灯罩，右臂与灯的烟道相通，以手袖作为排烟炱的管道。宽大的袖管自然垂落，巧妙地形成了灯的顶部。灯罩由两块弧形的瓦状铜板合拢后为圆形，嵌于灯盘的槽中，可以左右开合，以调节灯光的照射方向和亮度。最为巧妙的是，灯盘中心和钎上可插蜡烛，点燃后，烟会顺着宫女的袖管进入体内，不会污染环境，保持室内清洁，可谓匠心独具。长信宫灯之精美，考古发现至今尚未有能出其右者。

灯的发明，使人在黑暗中见到了光明，看到了希望，延长了人类活动的时间，丰富了人类的物质生活和精神生活，尤其是精神领域的文化生活。很难想象，如果没有灯，人类生活将会怎样。时至今日，灯的作用越来越大，尤其在大型的文化活动中，特别是奥林匹克运动会的开幕式、大型活动的晚会等等，都离不开灯，变幻莫测的灯光与出神入化的文艺演出交相辉映，成为全人类一次次难以忘却的记忆。

第二节　饮食男女

人类首先要满足自身生存的生理需求，才能有所发明有所发展。正如恩格斯在《在马克思墓前的讲话》中说："人们首先必须吃、喝、住、穿，然后才能从事政治、科学、艺术、宗教等等。"

饮食是人类生存的基础，从茹毛饮血到今天的快餐，在发展和演进的过程中受到生存条件、生活环境、政治生态和生产力水平的制约。由于阶级不同、社会地位的差异,从而反映在人们日常的生活中,从金字塔顶端的帝王到有权有钱的一批人,过着衣食无忧、脑满肠肥的生活,钟鸣鼎食便成为饮食男女们筵宴豪华排场的代名词。

与此同时,历史的经验告诉我们,一旦人民忍饥挨饿,必然会引起社会动荡与国家不安。所以,民以食为天,国以粮为本便成为古代中国几千年来亘古不变的基本国策。

一、羹羊珍馐

青铜时代是中华文明的骄傲,不过,真正享受青铜文明的却是少数人。在官本位的4000年间,帝王是占有青铜器资源最多的群体,以下依次为大大小小的官员,包括有钱有势的人,人们常说的鸣钟列鼎所指的正是他们这一群人。然而在有着传统"礼制"的中国,大吃大喝的背后同样有着礼制的规范。可以说在中国古代除了广大老百姓之外,没有单纯地为"吃"而"吃",为"食"而"食"的,而是深受所处时代的政治、经济、文化等诸多因素的影响,并被赋予了浓烈的思想意识和精神寄托,事关国家的兴盛与衰亡①。

自古以来中国人就以好吃而闻名,为了满足口腹之欲,人们发明了一些彰显个性的饮食器具,为胡吃海塞推波助澜。如大家熟知的"鼎",作为烹煮食物的炊具之一,也就是今天锅的前身便是其中之一。以帝王享受九鼎八簋为例,有人会问,帝王在吃饭时他眼前摆放的列鼎是正在烹煮食物吗?显然有问题,不可能在帝王吃饭的大厅里将九鼎一字排开,烧得烟熏火燎,但不排除鼎下加炭。事实上古代鼎有着不同的用途,有正鼎、镬鼎、馐鼎之分,所以九鼎主要是盛放9种不同的食物的列鼎,用今天的话说,就是一整套显

---

① 徐日辉:《中国旅游文化》,清华大学出版社2014年版,第72页。

赫的餐具而已。

餐具是为吃饭而制作的，那如果鼎里边的食物凉了怎么办？1989年江西省新干县大洋洲出土的带门方鼎为我们找到了答案。

方鼎高27厘米，口长18厘米，宽24厘米，斗腹，柱足，平底，饰兽面纹、乳丁纹（见图5-2-1），是商代晚期的器物，现藏于江西省博物馆。

图 5-2-1　带门青铜方鼎（江西省新干县大洋洲出土）

江西省新干县大洋洲带门方鼎的奇异之处就在于鼎身分为上下两层，在鼎的外底之上5.5厘米处的腹腔设有内底，也就是夹层，里边是空的，以便置放炭火。夹层的正面的中间开有一个小门，当炭火放入夹层之后，就把小门关住，以保持温度。

带门方鼎是一件智慧的创新，炭火置于夹层，而且可根据吃饭人的需要不断加添，可以使鼎里边的食物始终保持在一个可口的温度，如同今天的保温锅一样，尤其在冬春之际吃羹最为适宜，堪称奇思妙想。

羹是古代饮食种类当中相当重要的一品，属于流汁。《管子·弟子职》记载："凡置彼食，鸟兽鱼鳖，必先菜羹。"食指的是有肉酱、羹、鱼等副食搭配的饭。根据《周礼》的记载，周王的饮食有饭、膳、饮、食等不同的分类。

其中羹的种类非常丰富，如"雉羹""脯羹""鸡羹""犬羹""兔羹"等。直到汉朝羹依然必不可少，如西域高昌的招牌菜"胡羹"就是当时非常有名的一道菜，其主要食材就是以羊肉为基本原料。

羊，作为人类重要的肉类食材，在中国的饮食文化中有着十分重要的地位，尤其在西部地区。以新疆维吾尔自治区为例，这里地处东西文化交流的要冲，是我国最早接受两河流域、地中海地区和北印度文化的地区，是吸收、消化和传播的中间地带，考古发现证明，新疆维吾尔自治区地区大约4000年前部分地区已进入青铜时代[1]，逐渐形成了自身特有的青铜文化。

1997年在新疆维吾尔自治区霍城县东干乡征集到一件战国时期的双耳圈足铜鍑（见图5-2-2），正是当地饮食文化的代表性青铜器。

图5-2-2 双耳圈足铜鍑（新疆维吾尔自治区霍城县东干乡征集）

该铜鍑类似于今天的锅，也是古代烹煮器之一，主要是以煮肉食为主，面食为辅。当你在新疆维吾尔自治区亲眼见到这件铜鍑的时候，你才能真正感受到这里青铜文化的辉煌，想象出以羊肉为主要食材的生活场面，该是多么的火爆。

羊是一种非常甘鲜美味的食物，之所以成为大众喜欢的美食，原因就在于

---

[1] 陈光祖著，张川译：《新疆维吾尔自治区金属器时代》，载《新疆维吾尔自治区文物》1995年1期。

羊肉具有补中益气、治虚劳、祛寒冷的食疗功能。面对盛放羹的鼎，或是烹煮羊肉的镬，怎么样才能将食物取到食盒或者碗里呢？古人又发明了勺子。陕西历史博物馆收藏的一件羊首勺极为经典。青铜羊首勺1977年出土于陕西省清涧县解家沟，长28.5厘米，勺子直径9.5厘米，呈半球状（见图5-2-3），是商朝晚期的器物。此勺之所以称作羊首勺，是因为在勺柄端有一只大角羊，更为奇特的是在勺子扁平柄的前端有一只惊慌失措的小羊，在小羊的身后是一只垂涎欲滴的大老虎，场景真是扣人心弦。人们不禁在为小羊的命运担忧，同时也为铸造者的精心设计赞叹，更为自然界的弱肉强食而叹息。

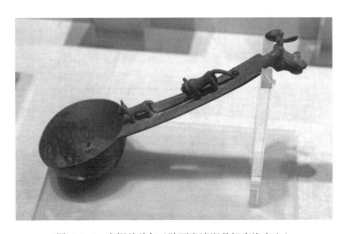

图 5-2-3　青铜羊首勺（陕西省清涧县解家沟出土）

二、分餐盒食

中国人在唐朝以前一直采取的是分餐制的吃饭方式，每一位吃饭的人眼前摆放着低矮的案几，案几上摆放着自己使用的食器。吃饭时，先将食物从大型的鼎、盘、釜等中取出，然后放在自己的食器里，各人吃各人的，互不干扰，其中又以簋、盨等青铜器最为普遍。

簋是古人常用的食器之一，主要是盛放煮熟的米食和谷物等，分为盖和器两部分，合起来为一件。簋同时也是西周时期特有的礼器，一般与鼎配合使用，而且是偶数，如五鼎四簠。簠最大的特点是上下盖和器的高度几乎一样，区别就在于盖上有耳器身无耳。河南博物院收藏的一件蟠虺纹青铜簠就为我们展示出该类食器的具体状况。

蟠虺纹青铜簠出土于河南省洛阳市中州路的战国墓地，簠高18.5厘米，口径长31.5厘米，宽21.8厘米，因饰有蟠虺纹故名（见图5-2-4）。这件蟠虺纹青铜簠在展出时很有人情味，工作人员特意将其打开，分上下两部分直观地告诉人们，这就是一件盛放食物的大食盒。所不同的是簠盖也是空的，翻过来同样可

图 5-2-4　蟠虺纹青铜簠（河南省洛阳市中州路出土）

以盛放食物。也就是说，合起来盛放一种，而打开来时便可以放两种不同的食物，起着一器两用的功能。所以，今天看到的簠基本上是盖器合一的。如安徽省利辛县文物管理所收藏的龙凤纹簠，最为直观。

利辛县文物管理所收藏的这件龙凤纹青铜簠，是1984年出土于利辛县管台子庄的西周窖藏（见图5-2-5），饰有龙纹和凤鸟纹以及乳丁纹等，造型典雅，纹饰华丽，龙凤呈祥。龙凤纹簠为长方形，盖器合一，盖有双耳，上下对称，大小一致。

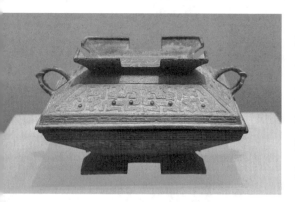

图 5-2-5　龙凤纹青铜簠（安徽省利辛县管台子庄出土）

簠出现于西周早期，盛行于西周中晚期到春秋时期，进入战国以后逐渐消失。

在古代的青铜食器当中，有类似于今天的饭盒的叫作盨。盨，主要盛放食物，以椭方形居多。现藏于河南省三门峡市虢国博物馆的"虢仲"盨正是典型

的标准器，1990年河南三门峡市上村岭虢国墓地出土。

虢仲盨高24.3厘米，腹长30厘米，宽20厘米，椭方形口，圈足鼓腹，双耳，器盖完整，饰有夔龙纹和窃曲纹（见图5-2-6）。盖内铸有"虢中（仲）乍（作）虢改（妃）宝盨，子子孙孙永宝用"等铭文。虢国是西周初年周文王两个弟弟虢仲、虢叔的封地，分别在今河南省的荥阳市和陕西省的宝鸡市，称为东西二虢。西周末年，西虢迁徙到今河南省三门峡市和山西省平陆县一带。虢国墓地出土文物近3万件，数量多、品级高，难得一见。此虢仲盨是西周晚期周宣王时期的器物，距今已有2800多年的历史。铭文中的虢妃，说的是苏姓的女子嫁到虢国，所以称之为虢妃。

图5-2-6　虢仲盨（河南省三门峡市上村岭虢国墓地出土）

盨与簋不同之处就在于盨的盖仅占体积三分之一左右，而且多数内里铸造有铭文，显而易见只能作为盖来使用。盨的盖与器合起来是一个整体，是宴飨时或者平时经常使用的食器，其功能与今天的饭盒大体相当。

三、醉生梦死

在夏商周三代之中，西周的制酒业也是相当发达的，据统计，西周有酋酒、秦酒、旨酒、嘈酒、醴酒、醍酒、澄酒、春酒等。还有天子及贵族饮用的高浓度的清酒、医酒等，一部《诗经》共有23篇说到酒。发达的酿酒业刺激着酒器的发展，因而又创造出数量众多、造型优美、工艺精湛的青铜酒器。其中考古发现的有瓿（bù）、尊、卣、爵、角、觚、觯（zhì）、壶、觥、斗、壶、方彝、盉、罍、罍（léi）等诸多精美绝伦的酒器，令人目不暇接叹为观止。成语觥筹交错的觥，正是饮酒用的主角，同样也是醉生梦死的助推器。

觥，饮酒器，流行于商代晚期至西周早期，已有3000多年的历史。《诗·周南·卷耳》就有"我姑酌彼兕（sì）觥，维以不永伤"。意思是说我把大杯斟满，不让长久心烦。山西博物院收藏有一件造型与龙相关的觥，被命名为龙形觥（见图5-2-7），造型奇特极为罕见。

图5-2-7　龙形觥（山西省石楼县桃花者村出土）

龙形觥1959年出土于山西省石楼县的桃花者村，觥高19厘米，长43厘米，宽13.4厘米，是商朝晚期的青铜酒器。该觥为长体，造型为龙，张口露齿，威风凛凛，鼓腹，盖上有一个蘑菇形的钮，器身的边沿外铸有两对贯耳，需要喝温酒时，可以通过耳将觥吊起来加温。更为奇特的是两侧装饰有鳄鱼纹和夔龙纹，鳄鱼纹又称鼍纹，鼍即扬子鳄。鳄鱼生活在气候温暖的热带和亚热带地区，中国南方目前有扬子鳄等鳄鱼。龙形觥出现鳄鱼纹，表明在距今3000年前的山西，气候比今天要暖和得多。而龙形觥如同一条停泊待航的龙舟，表明当年北方地区曾经有过水网茂密的景象，这在中国发现的青铜酒器当中，是独一无二的。

觥一般都以兽形居多，在人们的印象中多出现在北方。其实南方同样盛行觥，只不过外形稍微简约而已，江苏省镇江博物馆收藏的兽形觥，便是一例。

镇江兽形觥出土于1954年6月的江苏省镇江丹徒烟墩山（见图5-2-8），是周康王（公元前1020年～前996年）时期的青铜器。该觥造型依然是瑞兽，为北方流行的样式，但是器身纹饰远不如山西、陕西等地出土的兽形觥繁缛华丽，究其原因应该与周人初封到吴国，还保持着简朴的生活习惯有关，或许为换取吴地的民心而特意为之吧。

图 5-2-8　兽形觥（江苏省镇江市丹徒烟墩山出土）

在饮酒作乐把酒言欢的过程中，还少不了另外一种酒器，这就是觚（gū）。作为饮酒器，觚的历史非常悠久，商代早期就已经出现，盛行于商代晚期和西周早期。

觚一般以圆形的居多，上海博物馆收藏的一件商朝晚期的青铜龙纹觚，上大下小，（见图5-2-9），类似于吹奏乐中倒置的喇叭，上饰芭蕉叶、龙纹、细腰大口，圈足，中规中矩，亭亭玉立。

需要指出的是，觚不仅仅是酒器，而且还是礼器，它与爵的组合，是商代基本的礼器组合。

觚在大多数人的印象里是圆形的，因为见到的多半是圆的。其实早期的觚有方有圆，成语破觚为圜中的觚指的正是方形觚，圜，就是圆，即毁方为圆。由方求圆是中国人传统操作方式，在距今5000年前良渚玉器加工留下来的半成品中十分清晰。在河南省安阳市殷墟出土的大量饮酒器当中，就有方形的觚（见图5-2-10），现藏于殷墟博物馆，并且出土的青铜方觚还不止一件。

图 5-2-9　龙纹觚（上海博物馆藏）　　图 5-2-10　青铜方觚（河南省安阳市殷墟出土）

与圆形觚相对应的饮酒器还有一种叫作觯。觯，商朝就已经在使用，早期为盛酒器，有盖，圆腹，圈足，呈瓶子状，分为扁体和圆体两种。

觯在发展的过程中形状逐渐变得丰富起来，器身开始拉长，成为圆口、束腰，其中圈足依然延续了下来。如上海博物馆收藏的父庚觯，正是西周早期的标准器之一（见图5-2-11）。父庚觯高14.9厘米，口径7.6厘米，底径5.5厘米，圆体，腹微下垂，饰有芭蕉叶纹和鸟纹，腹部一对漂亮的凤鸟，堪称富丽堂皇。因为觯变成喇叭口的柱状体之后，其形状与觚有几分相像，因此有不少人对觯与觚分不太清楚。

有趣的是，在美国纽约大都会博物馆收藏有中国商朝一件青铜器，其标注是"商青铜鸮形觯"（见图5-2-12），其造型与山西省石楼县二郎坡出土的鸮卣一样，不知何故。由于鸮是食肉的猛禽，多在夜间活动，所以常常将其喻为恶狠凶暴。由此可以推测，使用此鸮形卣的主人至少是比较彪悍之人。

图5-2-11　父庚觯（上海博物馆藏）　　图5-2-12　青铜鸮形觯（纽约大都会博物馆藏）

发达的酒器是中国青铜文化的标志之一，在名目众多的酒器当中，罍是必不可少的盛酒器。罍，流行于商朝晚期到春秋时期，罍分为方形和圆形两种，四川博物院收藏有一件圆形罍，是不多见的罍中极品。该罍称为象首耳兽面纹铜罍（见图5-2-13），又称象首耳卷体夔纹铜罍，1980年出土于四川省彭县（今彭州市）竹瓦街窖藏。通高74厘米，口径22.4厘米，是西周时期的器物。说起此罍的发现也有一段传奇的故事。1959年在修筑成都到汶川的成汶铁路时，工人在竹瓦街发现了21件铜器，其中有5件罍。21年后，1980年人们在距离1959年发现铜器地点的25米处，又发现一些青铜器，其中就有象首耳兽面纹铜罍。此罍器盖完整，双耳圈足，饰有夔龙纹，在肩部饰有立体长鼻象双耳，故名。象首耳兽面纹铜罍造型独异，纹饰繁复，大气雄伟，被认为是巴蜀王权的象征。

图 5-2-13　象首耳兽面纹铜罍
（四川省彭县竹瓦街出土）

象首耳兽面纹铜罍与其他罍一样，均是小口大腹，当酒宴开始之后，罍是第一个出场的盛酒器，倒酒的人从罍里面舀出酒来，再逐一分配到觚、爵等酒器里边。

我们知道，在商周时期，酒器的另外一项重要功能就是祭祀，罍也不例外。《礼记》称"庙堂之上，罍尊在阼，牺尊在西"。阼（zuò），东阶，与"在西"相对，由此可见罍与尊都是重要的礼器。不过，进入汉朝以后，罍已经不见了，尊依然出现在觥筹交错的宴会上。然而，其祭祀地位已经远远不能和商周时期相提并论。

1972 年河北省邯郸市张庄桥东汉 1 号墓出土了一件非常养眼的青铜尊，称之为"金银涂乘舆大爵酒樽"（见图 5-2-14）。樽，即尊。不过，这件酒尊比较特殊，分上下两部分，由尊和承盘（托盘）组成。尊高 28.27 厘米，口

图 5-2-14　金银涂乘舆大爵酒尊（河北省邯郸市张庄桥出土）

径 35 厘米，底径 35 厘米；承盘高 8.5 厘米，口径 48.2 厘米，质地为青铜。但是通体涂银，然后涂金，闪闪发光，富贵无比。尊盖上有凤，尊体有龙，并且刻有流云、怪兽、羽人、西王母、树木以及仙境场面。承盘有"建武二十三年蜀郡西工造舆大爵酒樽"纪年铭文，建武二十三年（公元 47 年），属于东汉刘秀时期。

有意义的是，该墓的主人可能是张鲁，此尊为四川的工匠制作的传世用品，后来被带到邯郸并且埋入墓中。张鲁（？~约216年、245年），出身道教世家，本人亦是五斗米道的第三代天师，在东汉末年曾经割据今陕西省汉中市一带，215年投降曹操。我们看到"金银涂乘舆大爵酒樽"上刻画的图案与同时期出土的大批画像砖一样，突出表现了东汉时期人们热衷于长生不老、向往神仙的社会风气。

星转斗移，往事千年，面对"金银涂乘舆大爵酒樽"感慨万千。2008年10月在河北省邯郸市开古都学会年会时，我曾与中国社会科学院考古研究所所长刘庆柱先生一道考察博物馆，我俩伫立在大爵酒尊面前良久，为其奇妙的构思和精湛的工艺所折服。脑海突然闪过"风萧萧兮易水寒，壮士一去兮不复还"之名句，《易水歌》慷慨悲歌，唱出了燕赵任侠豪气、嫉恶如仇的气质，而李太白《送裴十八图南归嵩山》之"何处可为别，长安青绮门。胡姬招素手，延客醉金樽"诗句，大概是受到了燕赵风骨的影响。

河北为"燕赵文化"之中心，平山县（今北京房山区）琉璃河出土的青铜礼器克盉、克罍、堇鼎、圉方鼎中就有"燕侯"的铭文，可以为证。燕赵北面临狄，与游牧民族交壤，长期的战乱，形成了擅长骑射的特长，惯见刀兵。

邯郸是中国有名的历史文化名城，战国时期作为赵国的国都长达 158 年之久①。其实今天邯郸影响最大的莫过于流传于世的成语。邯郸是中国的成语之乡，与邯郸相关的成语大约有 1000 多条，至少有六七十条就发生在今天的邯郸市，如负荆请罪、将相和、邯郸学步、完璧归赵等等都发生在这里。

酒的发现丰富了人们日常的饮食生活，但由于过分夸大酒、祭祀与神的作

---

① 陈斌、张建华编著：《邯郸之最》，中国城市出版社 2003 年版，第 52 页。

用,以至于商朝嗜酒如命,成为普遍流行的社会风气,在醉生梦死中最终导致了亡国的下场。周朝建立后,吸取了商朝亡败的历史经验,从戒酒禁酒入手,从敬鬼神逐渐转变为敬天保民,开始向民生倾斜,遂成为新的历史起点。

第三节　安居乐业

安居才能乐业,安居是人类为之奋斗的生存空间。建筑是人类的发明创造,为了生存的需要与更好的生活,人类在与自然的斗争中不断地构建自己的安乐窝。从原始的穴居、巢居、半穴居再到地面建筑,经历了一个漫长的发展过程。如果说建筑是凝固的音乐的话,那么,青铜器所展示的中国建筑以及与之相关的文化活动,所体现的则是一段逝去的历史和辛劳。

一、凝固的音乐

生活永远是美好的,作为人类活动的基本空间,建筑是美的,人们对于自己的建筑寄予了种种希望和期盼,更重要的是建筑体现出人类的睿智。其中在距今7200~5300年河姆渡文化中的干阑式建筑,无疑是中国建筑史上的佼佼者。

河姆渡文化因1937年发现于浙江余姚河姆渡村而得名。所说的干阑式建筑,指的是用竹木搭建的房屋,这种房屋的建筑程序是先将木桩打入地下,然后在木桩上面铺板,再在板上立柱,采用榫卯结构搭建房屋。建好以后的干阑式房屋分为上下两层,上层住人,下层堆放杂物和饲养牲畜。

2002年12月浙江省嘉兴市海盐县仙坛庙遗址出土了一件刻画有干阑式建筑图案的陶器盖(见图5-3-1),距今5000年左右,是迄今为止所见到的最早的干阑式建筑形象,虽然寥寥数笔却十分简练,极为珍贵,现藏于海盐县博物馆。

图 5-3-1　陶器盖及细部（浙江省嘉兴市海盐县仙坛庙出土）

历史上越文化的干阑式建筑在东南沿海地区影响很大，1971 年在广西壮族自治区合浦县望牛岭 1 号墓中也出土了一件青铜铸造的干阑式建筑模型，再一次证实了越文化对东南地区的影响以及百越地区鲜明的文化特色。

合浦干阑式青铜建筑模型，高 37.3 厘米，长 79.3 厘米，宽 42.7 厘米（见图 5-3-2）。模型为长方形的建筑结构，房屋的前面有走廊，并且围以栏杆，在屋里边有八根柱子。上边为悬山顶，有瓦脊和瓦垄和板瓦。房屋有双扇大门，可以开启，非常精巧，是汉朝青铜器的精品，现藏于广西壮族自治区博物馆。

图 5-3-2　干阑式建筑模型（广西壮族自治区合浦县望牛岭 1 号墓出土）

建筑不是孤立存在的，往往与环境的变化息息相关。东南地区水网密布，多雨潮湿，建筑只有高出地面才能使居住其间的人少生疾病。所以干阑式建筑从中国浙江省诞生一直流传到江西省、江苏省、贵州省、广东省、广西壮族自治区、福建省、海南省，以及国外越南、柬埔寨、印度尼西亚、马来西亚等东南亚地区，至今仍在普遍使用。

广西合浦干阑式青铜建筑模型是当时生活的真实反映，代表着百越地区普遍的居住形态，其精美的铸造工艺和浓厚的生活气息，仿佛把我们带回到那个大汉盛世。

值得一提的是，中国最大的建筑是要算秦朝的阿房宫。阿房宫的主体建筑是前殿阿房，是皇帝与朝臣议政的地方。2002年10月~2004年11月对阿房宫遗址的考古发掘发现，仅夯土台基东西就长达1270米，南北宽达426米，遗址的占地面积达54万平方米，比今天安门广场还要大。阿房宫54万平方米台基高出地面12米，用经过筛子筛过再炒熟的黄土一层层地夯筑而成，所需黄土达到650万立方米。其工程之巨，可以说是前无古人。

秦的建筑向以宏大富丽著称，早在统一之前就已经开始大规模地建筑，例如，秦都雍城（今陕西省凤翔县）发现了一处极为壮观的建筑群，分别为：姚家岗宫殿区、马家庄宗庙区和高王寺宫殿区等，以及在雍城南郊和雍水两岸，千河东岸及雍城东郊和北部等共发现的4座宫殿，并且有铜质建筑构件。中国国家博物馆就收藏有秦人的青铜建筑构件，称之为青铜釭（见图5-3-3）。

图5-3-3　青铜釭（陕西省凤翔县出土）

此件青铜釭是1973年在陕西省凤翔县发现的，其功能正是用来连接、加固宫殿壁柱、门窗的青铜建筑构件，是战国时期的器物。

还有1973年在凤翔县豆腐村发现的方形龙纹青铜构件，此构件为春秋时期的产品，布满了龙纹，大气华贵（见图5-3-4），现藏于陕西省宝鸡青铜器博物院。秦人向以不拘礼节敢为天下先而著称，用龙纹来装饰建筑构件，显示出称霸天下的勃勃雄心，试想，如果不是秦公，还有谁能够享受如此高级别的待遇呢。

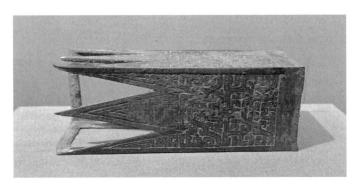

图5-3-4　方形龙纹青铜构件（陕西省凤翔县豆腐村出土）

作为凝固的音乐，青铜器中展示给我们的建筑模型并不丰富，但窥一斑而知全豹，从干阑式建筑到大秦帝国的阿房宫，再到一望无际的内蒙古大草原，一座座蒙古包一顶顶大大小小的帐篷，就像朵朵盛开的鲜花与天上流动着的白云遥相呼应，宛如人间仙境。建筑是人类智慧的结晶，通过不同风格建筑背后的故事，给世界展现出中国古代建筑无与伦比的辉煌。

二、两吴王铸鉴

房屋的最大功能是遮风避雨，古往今来没有改变。但是，房屋里的生活却是千差万别，同样是古往今来没有改变。

鉴，是青铜器的一种，类似于今天的大水缸。除了盛水之外，还可以作为镜子照出自己、前车之鉴、以古为鉴、鉴貌辨色、以史为鉴等等都与鉴息息相关，例如古代历史学家们反复强调的"秦鉴"即是。"秦鉴"是后人根据秦朝的兴亡而得出的结论，用以昭示身后的统治者。有意思的是，在众多的青铜器当中，有一对父子4件青铜鉴的出土吸引了人们的眼球，这就是吴王光鉴和吴王夫差鉴。

吴王阖闾名光（公元前514年～前496年），春秋五霸之一。现有两件吴王阖闾铸造的青铜鉴，叫作吴王光鉴，分藏于安徽博物院和中国国家博物馆。

两件吴王光鉴1955年同出土于安徽省寿县西门内的蔡侯墓。其中安徽博物院收藏的吴王光鉴高35厘米，口径59厘米，腹围188厘米，底径33厘米，耳高8.5厘米，重28.6千克（见图5-3-5）。两件均为圆腹平底，双兽耳，此鉴腹内壁有4个相对的小圆环，是用来架冰的，冰融化之后便成为水，又可以用来盛水。既可以作为水器，又可以作为降温用的"冰箱"。吴王光鉴内铸有52字铭文，表明是吴王光为其女儿叔姬寺吁出嫁而铸造的媵器。

图5-3-5　吴王光鉴一
（安徽省寿县西门内蔡侯墓出土）

图5-3-6　吴王光鉴二
（安徽省寿县西门内蔡侯墓出土）

另外一件现藏于中国国家博物馆，鉴高35厘米，口径57厘米，亦铸有52字铭文（见图5-3-6）。安徽省寿县历史悠久，文化绵长，是楚文化的故乡之一，地上地下文物极为丰富，该县博物馆收藏的国家一级文物就有160多件，二三级文物多达2000多件。其中蔡侯墓是新中国成立后20世50年代的重大考古发现之一。

蔡侯墓主人是蔡昭侯申，共出土各类青铜器486件，包括上面所说的两件吴王光鉴。蔡国因受不了楚国的统治而曾与吴国联盟。公元前506年，吴国联合唐、蔡两国沿水路从北部进军，取得了柏举之战的巨大胜利。第二年，吴王阖闾将自己的女儿叔姬寺吁嫁给蔡昭侯申，以巩固吴、蔡联盟。在远嫁女儿之际，阖闾恋恋不舍，但是为了国家利益，又不能不搞政治联姻。在临行之际，阖闾为女儿叔姬寺吁选用上好的青铜铸造了两件鉴，作为陪嫁品，在铭文中阖闾还谆谆教导女儿"往已叔姬，虔敬乃后，子孙勿忘"。意思是说：去吧叔姬，一定要虔诚地恭敬你的君主，子子孙孙都不要忘记。当然，作为联姻方的蔡昭侯申在为自己的女儿出嫁吴国所制作的大盂姬尊，其铭文同样有教育女儿要好好敬重吴王的语重心长之期望。

雄踞东南，独霸一方的吴王阖闾，作为父亲，与普通老百姓并没有什么区别，父女之间的情感，依依不舍的场面，全都体现在两鉴之中。作为霸主，他虽然傲视群雄，却不以大欺小，对于女儿晓之以理动之以情，以传统的礼仪教导孩子，并且将教育孩子的铭文铸造在鉴内，使后人在使用鉴时，或者在以鉴为镜时，可清清楚楚地看到先辈的教诲和希望，这种潜移默化的渗透，润物细无声的教育，无愧于做人父的典范。

吴国是姬姓国，是周文化的直接传承者，泰伯与其弟仲雍是为了让王位于兄弟季历而来到此地①，史称泰伯奔吴，创建句吴，是为吴文化之祖。泰伯与仲雍将中原先进的文化，尤其是周的礼仪文化融入吴地，并且一直影响至今。

无巧不成书，当吴王光鉴出土的时候，人们发现原来还有两件吴王夫差鉴，4件合起来堪称是珠联璧合。虽然吴王光没有看到儿子夫差所铸的鉴，幸运的后人却大饱了眼福。

值得关注的是，吴王夫差在位20多年，但有关他的实物却少之又少，而关于他日常生活用品的青铜鉴却发现了两件。

---

① 徐日辉：《论泰伯肇吴的文化意义》，载《吴文化与和谐文化》，凤凰出版社2008年版。

一件出土于清朝同治年间的山西省代州（今代县）蒙王村，一说出土于河南省辉县（今辉县市）琉璃阁，现藏中国国家博物馆。鉴高44.8厘米，口径76.5厘米，重60千克（见图5-3-7）。鉴的内底铸有"攻吴王夫差择厥吉金自作御鉴"13字铭文，清楚地说明这是吴王夫差选用上等的青铜材料为自己铸造的鉴。作为生前经常使用的生活器具，死后为了继续美好生活，后人又将此鉴随其陪葬。

另外一件吴王夫差鉴现藏于上海博物馆，相传为河南省辉县出土。鉴高43厘米，口径75厘米，重45千克（见图5-3-8），大口平底，双耳上有环，饰有兽面纹，腹部等则饰以交龙纹，同样铸有13字铭文。

图5-3-7　吴王夫差鉴一
（相传为河南省辉县琉璃阁出土）

图5-3-8　吴王夫差鉴二
（相传为河南省辉县琉璃阁出土）

今天，吴王父子铸造的4件青铜鉴分藏于三个地方，其中最幸运的要数中国国家博物馆，因为那里收藏了吴王光鉴和吴王阖闾鉴，而上海与安徽只有父子分离的单件。

吴国地处太湖流域，天气潮湿，自古养成了人们酷爱沐浴的生活习惯，无论是自己使用，还是陪嫁远方，都坚持传统的生活习俗，父子铸4鉴就是最好的说明。

好事成双是中国人传统生活的美好愿望，一对吴王光鉴和一对吴王夫差鉴的发现，使我们意识到当时吴国的礼仪传统讲究的正是好事成双，其配置可能是一盘一匜二鉴。

鉴既是水器，又是端正衣冠的镜子，鉴是人类不断取得进步的必然，如果后人不去借鉴前人的历史经验，那么人类将无休止地重复着前人犯过的错误，社会将很难有所突破。通过吴王阖闾鉴教育女儿及子子孙孙如何做人的铭文，再一次证明，鉴确实有着为鉴为镜的作用。

三、往复的岁月

人生一世高下有差，富贵各异，艰辛顺达虽有不同，但有一点是相同的，那就是生老病死，最公平者莫过于此。其实生活就是周而复始的轮回，无非是吃饭、工作、睡觉、生儿育女、看病就医，世上无人能绕过这个惯常的模式。唯一不同的是生活的质量千差万别，因人而异，而青铜器本身便深刻地为我们揭示了这一社会现象。

睡觉是人类最重要的生活方式之一，人的一生中有三分之一的时间在睡觉，据说5天不睡觉人就会死去。从睡觉的方式考察，人类最初是席地而睡，没有被子也没有枕头。后来从和衣而眠进步到解衣而睡，睡衣便应运而生。枕头也从原始的石枕头发展为木枕头、瓦枕头、青铜枕头、瓷枕头直到今天眼花缭乱的智能枕头，其中青铜枕头曾经作为拥有者身份和财富的象征。在中国国家博物馆就收藏有一件青铜枕，格外出众。

该青铜枕1972年出土于云南省玉溪市江川县（今江川区）李家山，枕头长70厘米，宽13厘米，高36.4厘米，铸造于西汉时期（见图5-3-9）。

图5-3-9　青铜枕（云南省玉溪市江川县李家山出土）

李家山的青铜枕有两大亮点：第一，造型特殊。青铜枕的造型就像一只马鞍，两头翘中间平。在枕头翘起的两头顶端各铸有一头牛，昂首挺立，雄健伟岸。在枕头的正面铸有三头立牛，头朝着一个方向，活灵活现，呼之欲出。牛是云南省滇文化的代表，过去讲"三十亩土地一头牛，老婆孩子热炕头"，充分体现出农业民族对美好生活的期盼。

第二，高度离奇。今天的科学研究证明，枕头的高度以10厘米为宜，五牛青铜枕高达36.4厘米，竟然超过了一市尺，的确称得上是高枕无忧了。

云南省一共出土了5件青铜五牛枕，1件在中国国家博物馆，1件在上海博物馆，其余3件留在云南省。

时间像流水，一往无前永不回头，生活像东升西落的太阳，日复一日年复一年，重复着昨天的故事。昨天的故事就是今天的历史，考古发现的青铜器物真实地为我们揭示了历史上不同生活条件和不同生活环境下的不同活动。今天我们放眼望去，在城镇的大街小巷到处是搓麻将的画面，有人戏说今天中国人的智慧全在麻将桌上。青铜器时代的中国没有麻将，在战国到晋朝之间却盛行一种叫作六博的娱乐活动。

六博游戏的规则是二人博弈，分为大博和小博。有一棋盘，盘面上画有12曲道和4个点，分别有六根箸和六枚棋子。先投箸决定行棋，然后有棋子在生门、死门、相生、相克之间博弈，最后一方杀死另外一方枭棋。六博游戏简单易学，不受条件和环境的限制，有两个人就可以游戏。河南省灵宝市曾经出土了一件汉朝的绿釉陶六博俑（见图5-3-10），表现出二人对面而坐正在博弈的场景，其栩栩如生的精彩瞬间被定格到今天，现藏于河南博物院。

图5-3-10　绿釉陶六博俑（河南省灵宝市出土）

过去一直认为六博主要流行于中

原地区，1972年广西西林县善驮粮站前出土的一件汉朝的青铜六博棋盘，改变了传统的认知。

青铜六博棋盘高9厘米，盘的周边长29.2厘米~30厘米，近乎正方形（见图5-3-11），现藏于广西壮族自治区博物馆。青铜六博棋盘的盘面上有清晰的六博棋的局纹，表明是经常使用的棋盘，为我们了解六博棋提供了珍贵的实物资料。

图 5-3-11　青铜六博棋盘
（广西壮族自治区西林县善驮粮站前出土）

青铜六博棋盘高9厘米，类似于北方地区的炕桌，今天看来过于低矮，却真实地反映出当时中国人席地而坐的生活习惯。西林县位于广西壮族自治区的最西边，属于云贵高原的边缘地区，地处广西、云南、贵州三省区的结合部。六博棋在这里发现，说明边疆地区与中原地区的文化关系是如此的密切。

六博棋被认为是中国象棋的来源，考古发现说明完全有可能。六博棋盘一般以漆器的居多，青铜材质的非常罕见，尤其是在民族地区发现，更是珍贵无比。

图5-3-12　青铜捣药罐（江苏省徐州市楚王墓出土）

人吃五谷杂粮，难免生病就医。古代没有西医，只有传统的中医治病救人。中医看病的手段主要是望闻问切，配合针灸按摩、外科手术等等。图5-3-12所示这件青铜捣药罐正是中医药的最好见证，该药罐出土于江苏省徐州市的楚王墓，药罐和药杵两件齐全，是完完整整的一套，是汉朝的器物，现藏于江苏省徐州博物馆。中药虽然是以草药为主，但又有一些细粉入药，特别是丸散膏丹的配制。所以大量的炮制需要用碾子将药材碾成粉状，一些小剂量的药粉就用捣药罐捣研，发展到今天，粉药不但没有被淘汰，反而品种越来越丰富，成为中华传统文化的最大的亮点之一。

古话说衣食住行娱、吃喝拉撒睡。古时候住人的卧室与厕所不在同一房间，与今天楼房的结构完全不一样。到了晚上要上厕所特别是冬天非常不方便，为了方便，人们就用马桶和虎子。

马桶男女共用，而虎子则是男人们的专利，俗称夜壶。不过，虎子也可作为盥洗的工具，如镇江博物馆收藏的一件春秋时期的素面青铜虎子，就是盥洗的工具。但是，从已经发现的虎子考证，绝大多数是作为便溺器来使用的。

古代中国人一般使用的是瓷虎子、陶虎子，也有青铜虎子、黄铜虎子等，在湖北省荆州博物馆就藏有一件青铜虎子。此虎子出土于湖北省荆州砖瓦厂，通长28厘米，宽9.9厘米，高14.7厘米（见图5-3-13），是西汉时期的生活用品，为楚人晚上用的便溺器。器形为卧伏状老虎的造型，虎头上扬，老虎的尾巴与虎头相连，巧妙地将其作为提梁。古人之所以用老虎作为夜壶的造型，寓意男人们的身体像老虎一样强壮威猛。

图5-3-13 青铜虎子（湖北省荆州砖瓦厂出土）

今天大凡是住过医院或者是陪过床的男性，大都用过便溺器。现在医院使用的便溺器正是古代虎子的延续，所不同的是青铜虎子既是小部分人天天使用的生活器皿，同时又是量身打造的工艺品，而今天的便溺器则是大量生产的工业产品，毫无艺术欣赏价值，自然也就不会有人收藏了。

第四节　车辚马萧

车是人类解放自身，发现世界、认识世界、改造世界的重要工具，同样是人类文明进步的重大标志。中国人以车代步的发明权在黄帝，《古史考》载："黄帝作车，引重致远……"距今已有5000年的历史。到了夏代有个叫奚仲的人对传统的车辆进行了改造，使之更加科学，《新语·道基篇》记载："于是奚仲乃桡曲为轮，因直为辕，驾马服牛，浮舟杖楫，以代人力。"奚仲是黄帝之后，因擅长技巧而为夏朝的车正，即管理车的官员。商朝已普遍使用车，甲骨文中车字写作"⊕⊞⊕"、"⊕⊞⊕"，与后世的车已经没有太大的区别了。在古人的生活当中，车占据着相当重要的位置，根据文献记载和考古发现，车的式样也是形形色色，有牛车、马车、羊车、人力车等等，既有六辔、驷马，装金镶银的皇家御辇，也有单人推动的独轮车。就目前发现的所有青铜铸造的车当中，无出其右者当数秦始皇陵出土的铜车马，是毫无疑问的世界瑰宝。

一、铜车辚辚

秦始皇嬴姓，先祖在今山东省的莱芜一带。西周初年嬴姓在商奄（今山东曲阜一带）造反，后被周公平复。为了展示周王朝的仁慈，并没有将嬴姓人赶尽杀绝，而是将其中的一部分迁徙到甘肃的天水、甘谷一带，为周王养马、御马。后来因表现不错被封秦，即秦亭、秦谷，在今甘肃省张家川回族自治县①，以地为氏，也就是秦姓的由来。秦人有养马御马的传统，《诗经·秦风·车邻》记载："有车邻邻，有马白颠。"说的是距今2840多年前秦人先祖秦仲为西垂大夫时在秦地出巡时的情景。②而《诗经·秦风·驷驖》称："游于北园，四马既闲。"讲的是距今2786年前秦襄公坐着四匹马拉的马车，

---

① 徐日辉：《秦亭考》，载《文史知识》1983年第1期。
② 徐日辉：《秦早期都邑考》，载《历史地理》第二十辑，上海人民出版社2004年版。

游猎于陇山东侧（今陕西省凤翔县一带）的故事，发展到秦始皇时期，秦国的强盛更是达到了前无古人的顶点。

在中国长达2100多年的帝王专制社会里，平均两年巡游一次者，秦始皇是第一人。秦始皇自公元前221年统一天下后，第二年就开始西巡东游，直到公元前210年在巡游途中去世为止，前后于公元前220年、219年、218年、215年、210年5次出游。最西到达今甘肃省临洮县；最北到达今内蒙古自治区包头市；最南到达今浙江省绍兴市。足迹遍布当时全国总郡数之83%。

秦始皇巡游时所用的车辆极其精美，出土于陕西省西安市秦始皇兵马俑的铜车马就是最好的见证。铜车马发现于秦始皇兵马俑的3号陪葬坑，时间是在1980年11月5日~12月2日，共出土了两乘大型彩绘青铜车马，分别为一号车和二号车，现藏秦始皇兵马俑博物馆。

一号铜车马叫作立车，又称戎车。车马通长225厘米，高152厘米，单辕双轮，车前驾有4匹马，车上有一圆形的伞，伞下站立一位91厘米高的御官俑，而且配备有一面青铜盾牌、一件青铜弩和青铜镞（图5-4-1）。铜车马与御官俑是真人的二分之一。全车的总重量是1061千克，其中包括金银构件7千克。特别值得一提的是铜车马的伞是可以折叠的，也就是说可以随时拆卸，如同今天人们使用的自动伞，颇为精妙。

图5-4-1　一号铜车马（陕西省西安市秦始皇陵出土）

二号铜车马叫作安车，与一号铜车马同时出土，因在一辔上有朱书"安车第一"而名。① 二号铜车马不仅比一号铜车马长，而且更为精美。车马通长317厘米，高106.2厘米，亦为单辕双轮，前驾4匹马（见图5-4-2），总重量是1241千克，全部为青铜铸造，其中包括金银构件7千克。

图5-4-2　二号铜车马两侧面（秦始皇陵出土）

二号铜车马与一号铜车马不同之处在于：车舆为长方形，分为前、后二室，前室为驭手所居，后室为主人所居。二号铜车马极其讲究，其车舆顶是拱起的椭圆形盖子，如同苍茫的穹窿。而车舆的前室长36.2厘米，宽35厘米，主人居住的后室长88厘米，宽78厘米，前、后二室都近似于方形，寓意为天圆地方。车厢的前面、左右两面都各开有一扇窗户，后面有一门，方便上下，窗户和门都可以灵活开关，设计非常精巧。

从研究看，一、二号铜车马是仿照皇帝的乘舆精心铸造的，区别只是小了一些而已，一号车是战车，古代将直接用于战斗任务和保障任务的车辆统称为战车。二号铜车马是副车，是秦始皇出行时的随从车，之所以叫作安车，大概是出于车内安居的缘故。

二号铜车马的工艺相当复杂，仅安车的零部件就达到3462个，其中青铜件1742个，黄金件983个，白银件983个，并且彩绘有变体的夔龙纹、夔凤

---

① 袁仲一：《秦始皇陵考古发现与研究》，陕西人民出版社2002年版，第122页。

纹以及几何纹等,极其华丽。

秦始皇陵出土的一、二号铜车马是目前我国发现的级别最高、最大、最美,而且是保存最完整的青铜铸造的车马器,是中华民族智慧的真实再现。

二、战马萧萧

马,作为生产畜力、交通工具和古代军事活动的重要工具,在我国家庭饲养已有5400年左右的历史。

在漫长的冷兵器时代,马的机动性最强,因而从汉朝以来马就作为战略物资由国家控制。中原地区屡受周边游牧民族的侵扰,其主要原因之一,正是游牧民族具有骑兵的优势。游牧民族地区生产良马,体型高大、速度快、耐力强,而内地马匹不如游牧地区的马强悍,因此每每交锋往往失败。有人说汉武帝之所以开拓西域,其目的之一就是为了获取大宛的汗血宝马。

至于汉武帝梦寐以求的汗血宝马到底是什么样子,历史上没有确切的记载。甘肃省武威市出土的马踏飞燕(见图5-4-3),正是我国古代良马的标本,也有人认为是汉朝汗血宝马的原型。

图5-4-3　马踏飞燕两侧面(甘肃省武威市雷台西晋墓出土)

甘肃省武威市出土的马踏飞燕，又称铜奔马、马超龙雀、天马、神马等，作为20世纪70年代震惊世界的中国出土文物之一而享誉全球。马踏飞燕1969年出土于甘肃省武威市的雷台西晋时期镇守张掖的军事长官张某人与其爱妻的合葬墓，1983年10月被中国国家旅游局确定为中国旅游标志，沿用至今。

马踏飞燕身高34.5厘米，长45厘米，宽13厘米，重7.15千克，为青铜铸造，现藏于甘肃省博物馆。

铜奔马体造型奇特，想象力极为丰富，集河西马、大宛的汗血马和蒙古马等马种于一身，矫健俊美引颈长嘶。整个马身三足腾空向前飞奔，仅有一足踏正在飞驰的小飞燕身上，受到惊吓的小飞燕，不由自主地转回头来观看（见图5-4-4）。高速奔驰的天马与凌空飞翔的燕子形成绝妙的对比，天马行空的运动，超越人们惯常的思维以小见大独具匠心。其丰富的想象力和艺术的感染力，跨越时空给人强烈的震撼。

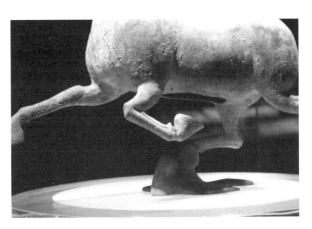

图 5-4-4　马踏飞燕细部（甘肃省武威市雷台西晋墓出土）

用马匹装备的骑兵，具有机动、快速、杀伤力大的特点。作为古代战斗力最强的部队，骑兵在战争中发挥着相当重要的作用。秦始皇之所以能够横扫六国，在很大程度上就是依靠了所向披靡的"秦骑"。不过，当时的骑兵虽然强大，却也不像《三国演义》描述的那样，更不会出现电视剧里面骑在马上大战几十回合的搏斗场面。因为秦汉时期中国骑兵战马的背上只有鞍而没有马镫，至少在西晋以前是这样。

1969年在甘肃省武威市雷台西晋墓出土了一支气势磅礴的青铜车马仪仗队（见图5-4-5）。仪仗队由38匹青铜马、1头青铜牛、13辆马车、1辆牛车，还有17位手持戟、矛的武士俑和28位奴婢组成，包括马踏飞燕在内，一共是99件，是目前发现的件数最多的青铜车马仪仗俑群，震惊了中外。

图5-4-5 青铜车马仪仗队（甘肃省武威市雷台西晋墓出土）

从仪仗队中可以看到，当时马身上确实没有马镫，武士俑正坐在马鞍子上，而双脚悬空跨在马体的两旁。雷台西晋墓既然能出土马踏飞燕这样惊世骇俗的天马，还有威风凛凛的仪仗队，马背上还有骑手，当然不可能忘记马镫。

马镫是骑马的工具，它是一对挂在马鞍子两边的马具，主要是供骑马人上下马和骑乘时使用。图5-4-6所示为青铜马镫，是唐朝的器物。千万别小瞧马镫，马镫虽然简单，却是一项非常了不起的发明，不亚于汽车的发明。

在马镫发明以前，人们骑马其实是一件比较痛苦的事情。由于没有使用马镫，所以当马在奔跑时，骑手在马鞍子上两脚悬空没有支撑点，只好双腿紧紧地夹住马的肚子，防止摔下马来。骑兵要射击，只有放慢速度或者下马来搭弓射箭。遇到短兵格斗时，首先要保持重心的平稳，防止过度左摇右摆摔下马来，不能完全发挥战斗力。所以，春秋战国时期，马主要作为拉战车的畜力而出现，所谓千乘之国，指的正是成千辆的战车。

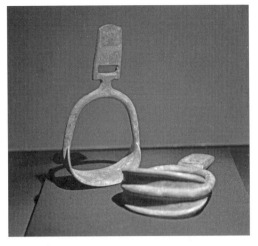

图 5-4-6　青铜马镫（陕西历史博物馆收藏）

马镫发明之后，人与马合二为一，成为一个整体，不仅移动的速度大大加快，而且可以最大限度地利用马镫作为支撑点保持身体的平衡，有效地腾出两只手来进行射击和格斗。当骑兵驰骋战场上所向披靡时，它的克星也在快速发展。骑兵的克星正是弓弩，小小的铜镞可以在几十米甚至百米开外将骑兵射杀。于是，人们又制造了甲胄来保护战马，从此以后，人类才真正进入到骑兵的战略时代。

马镫是中国人对世界文明的伟大贡献，具有划时代的意义。马镫由最初的一只单马镫到一对双马镫，在西晋时期得以完成。马镫发明之后，通过陆路丝绸之路和草原丝绸之路迅速传入欧亚大草原，为欧洲进入骑士时代提供了技术支撑。如果说汽车是西方人的发明，那么在长达数千年的历史发展过程中，马镫给人类带来的福祉远远地超过了汽车。

三、三十一毂

中国号称礼仪之邦，绝非空穴来风，"礼仪"贯穿着整个古代中国，体现在社会的方方面面，衣食住行无处不在。以车为例，帝王乘坐的车除了奢侈豪华之外，甚至对车轮辐条的数量也有严格的规定，是以 30 根为标准。帛书《老子·道经》乙本十一章所称："卅（三十）辐同（共）一毂，当其无，有车之用也。"为什么一定要以 30 根车辐为标准，难道多一根和少一根对车的质量有影响吗？不是的。其中有深厚的文化内涵，因为 30 天为一个满月，象征一月30天运行无穷周而复始生生不息。因此,《周礼·冬官考工记》规定:"轮辐三十,以象日月也。"是为标准定制。

河南省洛阳市周王城出土的东周"天子驾六",其车轮正是30根辐条(见图5-4-7)。

图5-4-7　天子驾六(河南省洛阳市周王城出土)

天子驾六是目前国内发现的唯一的最高级别的天子礼仪,为后人真实地展示了周王朝的礼制:天子享受的是6匹马拉的车辇,以及30根辐条的车轮。

实际上《周礼》的规定不仅仅局限于周天子,作为礼制一直影响到后来的千古一帝秦始皇,他也不敢越雷池一步。如秦始皇陵出土的一、二号铜车马轮子上的辐条不多不少恰好是30根。图5-4-8所示的二号铜车马(安车)的车轮确实是30根辐条。安车是秦始皇的副车,如果说它执行与主车相同的制式符合实情的话,那么,一号铜车马(即立车)的车轮同样也是30根辐条(见图5-4-9),显然绝不是巧合。

立车也叫作戎车,从车上配备的弓和镞来看具有一定的战车性质,至少是作为警卫车来使用。正常而言,警卫车的制式与其他车辆有所不同,其功能突

图 5-4-8　二号铜车马车辐（陕西省西安市秦始皇陵出土）

图 5-4-9　一号铜车马车辐（陕西省西安市秦始皇陵出土）

出机动性和实战性，没有必要循规蹈矩。有意思的是，这辆警卫车与安车一样都是 30 辐共一毂，表明作为秦始皇车辇的一部分或者说是仪仗队的一部分，都有着严格的礼制。

"三十辐共一毂"意义非常深刻，它借助环绕中宫比喻向心作用。就车轮而言中心为毂，但毂的中心是空的，装上车轴才能转动，毂外是实的，由 30

根车辐组成。

毂与辐的关系,对臣民与君王的关系做了形象的比喻。寓意着以天子为中心向四方辐射,臣民如同车辐辏于皇帝,服从于国家,服从于君主。正如司马迁在《太史公自序》中所说:"二十八宿环北辰,三十辐共一毂,运行无穷,辅拂股肱之臣配焉,忠信行道,以奉主上,作三十世家。"同时也寓意着传统的"中""中央"与四周、周边的关系。[①]出土文物有力地证实了以车轮喻君臣之事的政治意识。

强化礼制,为现实服务,并非是虚无缥缈的空架子,而是实实在在的行为规范,《礼记·中庸》称:"非天子不议礼,不制度,不考文。今天下车同轨,书同文,行同伦,虽有其位,苟无其德,不敢作礼乐焉;虽有其德,苟无其位,亦不敢作礼乐焉。"显而易见,把礼的创造权和最终解释权归结于天子,也就是说只有有德的天子,才能制礼作乐。除此而外,即便有了天子之德,但没有天子的地位,也不能制定礼乐制度。归根到底只有两条,一是为君主,二是为百姓。首先是天下为君主,其次才是君主为天下。这就是中国古代的政治,而且是大一统的政治,也就是"三十辐共一毂"的真正内涵。

[①] 徐日辉:《论〈史记〉对"数"的承传与组合》,载《历史文献研究》第二十二辑,华中师范大学出版社 2003 年版。

第六章 异彩纷呈 6

考古证明，在过去的1万年间，人类创造出的奇迹足以使现代人瞠目结舌，而中华民族异彩纷呈的青铜时代，有理由成为世界文明史中无与伦比的光辉节点。每个人有自己的历史，每个国家有自己的历史，每个地区同样有自己的历史。多种生态的自然环境和多民族的聚居，形成了最具特色的中华民族大家庭的青铜器，绚丽多彩，鲜艳夺目。

经历过青铜时代的今天的中国，面对祖先们留给文明社会的这份珍贵遗产，面对青铜器千姿百态的造型，独具匠心的设计，难以置信的铸造工艺，全面覆盖精神与物质生产与生活的产品，我们意识到：这是一个不可复制的辉煌。如何书写历史？怎样表述文明？答案只有一个，那就是：历史不能复制，文明必须延续。唯有如此，才能上不愧对祖先，下不贻误后人。

第一节　百花齐放

用百花齐放来形容中国的青铜文化当之无愧，造型优美、纹式各异的青铜器，不但是中国的国宝，也是世界的瑰宝。这是一片花一样灿烂的海洋，并且还在继续不断扩容。我们在大海里遨游，在流光溢彩中触摸，今天无论如何描述也很难还原当时的景象，更不可能准确表述其中深层次的文化内涵。历史正是这样，文化更是如此。

一、仰望星空

星空是人类最早关注的自然环境，浩渺的天穹，可望而不可即的太阳、月亮、星星，使我们的祖先曾经产生过多少迷人的遐想。在先民们看来，天上繁星点点银河闪烁，是一幅美丽而永恒的图纹。尤其是在没有大气污染的年代里，每逢夜晚，先民们围着火塘望着天空更是妙不可言。这时我们的祖先首先想到了鸟，看到了鸟在空中自由自在地飞翔，向往着自己有一天也能像小鸟一样与上苍交流。于是乎，他们铸造了造型为鸟的青铜器，以表达出强烈的探索上天的愿望。

在湖北省博物馆收藏有一件青铜飞鸟，就为我们透露出向往上天的信息。青铜飞鸟1987年出土于湖北省荆门市包山2号墓。器型身高21.4厘米，由飞鸟、立柱和圆形的底座构成，是战国时期楚国的器物（见图6-1-1）。该青铜器最吸引人眼球的是高高在上的飞鸟，鸟首向前伸出，双眼突出，舒展双翅，自由自在地翱翔于蓝天之上。尤其是双翅的造型，被设计为类似于今天飞机的翅膀一样，充分展示出浪漫的楚国人特别丰富的想象力。

青铜飞鸟是一件装饰品。如同今天我们家里的摆设一样。问题是为什么楚文化地区的人热衷于飞鸟，应该与极富想象力有关。例如，楚国最伟大的浪漫主义诗人屈原在《天问》中说："九天之际，安放安属？……天何所沓？十二焉分？日月安属？列星安陈？"正是楚人以飞鸟为造型表达出向往天空探索宇宙奥秘的真实反映。

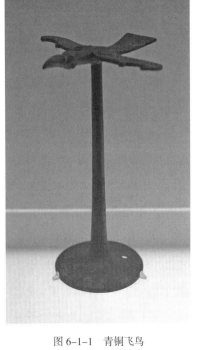

图 6-1-1　青铜飞鸟
（湖北省荆门市包山 2 号墓出土）

在安徽博物院也收藏有一件叫作"展翅攫蛇鹰"的青铜器（见图 6-1-2），同样属于战国时期楚国的器物。青铜器"展翅攫蛇鹰"，1933 年出土于安徽省寿县朱家集的楚王墓。器型身高 17 厘米，长 24.7 厘米，翼展大约 20 厘米。该器型表现的是一只翱翔的雄鹰，用锐利的双爪抓住一条双尾蛇，向高空飞行。被抓的双尾蛇试图逃脱鹰爪的控制而拼命挣扎，蛇头高高翘起，或许还想反咬

图 6-1-2　展翅攫蛇鹰（安徽省寿县朱家集出土）

一口。然而一切都无济于事，其命运被永远锁定于此。雄鹰是伟人的象征，天空是宇宙的象征，蛇是人类最为恐怖的动物之一，同样也是邪恶的象征。鹰击长空制伏毒蛇是当时人们平时生活中常见的画面，也寄托了人们除恶务尽的希望，同时也反映出人们向往空天的美好愿望，以及对天空的迷茫、对鸟的渴慕，直到20世纪中国不少地区仍然将飞机称为大铁鸟。

中国古代对天的渴慕从另外一层意义上讲，是古人认为天上是神仙居住的地方，在那里生活的人永远年轻而不会死去。正因为有如此的诱惑，天成为世世代代人们的期盼和奢望。1972年湖南长沙马王堆1号汉墓出土的帛画，清楚地描绘了天上、人间和地下的三种生存环境。其中天上的空间最为开阔，有神仙、太阳、瑞兽等等，一派幸福的景象。马王堆的帛画与出土的青铜鸟，充分展示出楚文化的渊源、延续和历史的传承。

二、脚踏实地

当古人发现自己没有办法上天的时候，开始反思今世；当知道升天做神仙以及长生不老的欲望都是空想的时候，便开始脚踏实地重新安排现实生活，关注地上的人和事。湖北省荆州市博物馆收藏有一件极为罕见的青铜器，叫作铜人推磨，是真真切切的人间世事、老百姓的世事，不折不扣的国之瑰宝。

铜人推磨1964年出土于湖北省钟祥市，是由铜人、磨、磨座、杆座和桶一组青铜器组成（见图6-1-3）。铜人身高65厘米，磨通高13.5厘米，桶高8厘米，是东汉时期的器物。在已经出土的青铜器当中，真正表现劳动人民生活的着实不多，而如此具体地展现古人加工粮食场景的青铜器，更是仅此一件。

青铜器表现的主人公是那位身份低下的推磨奴仆。我们看到他低着头微闭着眼睛，专心致志用双手推磨。他上身穿短衣服，下身穿短裤子，从卷起来的衣服袖子看得出，他劳作的非常投入，甚至可以说是心无旁骛（见图6-1-4）。

图 6-1-3　铜人推磨正面、侧面（湖北省钟祥市出土）

他之所以要将袖子卷起来，是因为在推磨时经常要用一只手把旁边容器里的粮食扤出，再投入到磨盘的磨眼里，如果袖子拖下来往往会被带到磨里，发生危险。类似于铜人推磨的加工粮食的方式直到今天在一些地区仍在使用。1969~1978 年我在工厂当工人时，曾经多次下乡支农，亲自推过类似的磨，劳动强度颇大，尤其是围着磨轴连续几小时的转圈圈，弄得人头昏眼花苦不堪言。

食品加工是饮食生活的重要程序，也是饮食文化的主要内容之一。食品加工分为原粮的加工与食物的加工。远古时期的食材主要有黍、粟、稻、麦、粱等，多为原粮，也就是粒食。随着时代的发展、社会的进步，人们开始将脱粒后的粒食加工为粉食，加工的手段主要是传统的碾磨，即用磨棒、磨盘、石臼、石杵进行加工。粉食的出现为食品加工的多样化提供了方便，丰富了食物的品种，使食品加工逐渐走向精细化和工艺化，并发展出今天独树一帜的中国饮食文化。

图 6-1-4　推磨的铜人细部
（湖北省钟祥市出土）

人是要吃饭的,粮食是土地里长出来的,唐朝大诗人李绅《悯农》诗:"春种一粒粟,秋收万颗子。""谁知盘中餐,粒粒皆辛苦。"道出了农民的辛苦和珍惜粮食的重要性,真正是千古绝唱,至今仍然发人深省。

中国是传统的农业国家,农业生产从刀耕火种到精耕细作。在上万年的生产实践中,青铜工具曾经起过非常重要的作用。考古发现证实了这一发展历程。4000年来伴随着青铜器的发展,生产工具也在不断地更新种类,大体上有刀、削、斧、斨、砧、锯、钻、锥、凿、铲、锛、镬、锸、铚、锄、镰、耒、耜等,中国各地区都有发现,而且出土的数量都也很大。

在青铜文化的发展历程中,中国的西北地区颇具特色,在新疆维吾尔自治区博物馆展出的一件青铜斧,就传达了边疆与北方文化交流的信息(见图6-1-5)。青铜斧1995年出土于新疆维吾尔自治区巩留县,是战国时期的器物。作为生产工具,此斧的造型与中原地区颇有一些不同,具有北方草原文化的特征,既是生产工具,战争时又可以作为兵器使用。

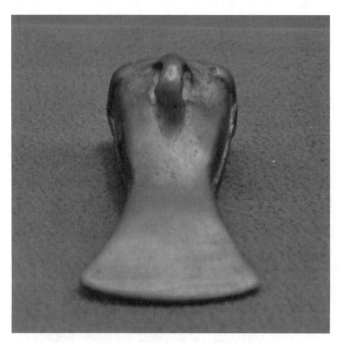

图6-1-5 青铜斧(新疆维吾尔自治区巩留县出土)

在出土的大量的青铜生产工具当中，有一件不太引人注目的青铜器，很值得回味。这是一件青铜砧，1989年出土于江西省新干县大洋洲，是商朝的器物（见图6-1-6）。砧是锤打金属器物的基础工具，操作时一般先将铜器或者铁器以及黄金、白银等在炉子里加热到柔软的程度，然后再夹出来放在砧子上，根据预先设计好的图案进行二次加工。此青铜砧下方的台阶，正是用来打造弯曲物件而特意设计的，以满足不同物件的需要，是长期生产实践经验的结晶。

图6-1-6 青铜砧（江西省新干县大洋洲出土）

大洋洲出土的这件青铜砧与今天中国广大农村铁匠使用的铁砧子一模一样，聪明的江西人早在3000年就已经创造了至今仍在使用的生产工具，真令人惊叹不已。

江西省在中国青铜文化的发展过程中，占有十分重要的地位，其中九江市荞麦岭青铜冶炼遗址的年代可能与夏朝晚期相当，而瑞昌市铜岭商周铜矿冶炼遗址，距今年代有3300年，而且荞麦岭遗址与铜岭遗址的直线距离仅40公里。

得天独厚的铜矿资源和先进的冶炼技术，使商周时期江西的青铜文化领先于其他地区，至少商代青铜器的铸造水平完全不亚于黄河流域，甚至是有过之而无不及。一件不起眼的青铜砧说明当时江西地区的青铜文化已经相当发达，不但有高超的铸造业，同时还有高超的坯打技术，更为难能可贵。

青铜工具是客观存在的真实物件，代表着祖先们不同历史阶段的文明水平，加速着社会生产力的进步和文明的发展，具有很强的直观性，我们通过面对面地零距离接触这些青铜工具，可以从中感悟到不同时代不同民族伟大的发明与创造。

三、心想事成

幸福不仅仅是对生活的满足，在很大程度上是对精神世界的需求。人类对幸福的追求是永无止境的，当人们不愁吃不愁穿时，便把希望与幸福投向新的更高的境界，向往另外一种生活方式。尤其是在中国古代，"天"的作用被无限度地夸大，被认为是地下众生灵的主宰，并且融入到人们的精神生活和物质生活当中。

现实生活中的天缥缈无垠无法触摸，天人如何沟通呢？怎样想方设法让上天知道人的愿望，进而为人类赐福呢？这时，古人便想到通过一些具有神灵的动物或者其他物质作为中介，以沟通上下，达到幸福美满的目的。如青铜器当中的面饰便是最好的例证。

说到面具我想大家都很熟悉，生活中逗小孩子玩的鬼脸，传统文化中的傩舞、傩戏以及文艺节目表演的面具舞等等，其中都有面具出现。面具不仅仅是为了好看，而且有着深厚的文化底蕴。湖北省博物馆收藏的青铜马面饰，是一件寄托了人们精神追求的器物。

青铜马面饰长 18.5 厘米，宽 13.5 厘米，采集于著名的湖北省盘龙城遗址（见图 6-1-7），现藏于湖北省博物馆。盘龙城遗址位于湖北省武汉市的黄陂区，包括周围的杨家湾、楼子湾、王家嘴、李家嘴等，是一座东西宽 260 米，南北长290米，面积为7.54万平方米的大型商代城市遗址。1954年首次发现，1974~1976年由湖北省博物馆和北京大学考古专业共同发掘，获取了大量惊人的发现，特别是鼎、簋、盘、甗等青铜礼器的出土，再现了商朝中期长江流域城市的发展与青铜文化的辉煌。

图 6-1-7　青铜马面饰（湖北省盘龙城遗址出土）

商朝人喜好鬼神，往往借助面具与鬼神进行交流，而青铜马面饰正是非常罕见的特殊法器。人之所以想尽办法与神灵交流，包括巫师在内，说穿了就是想满足人们精神生活的需求。物质生活是有参照物可比的，对一部分人而言，可以达到最高点，享受顶级的奢侈生活，然而精神生活的追求却是永无止境的，因为不存在统一的标准。

用马面作为沟通的纽带，是因为马有着高速运动的特点。古代的中国人一直相信以马奔跑的速度完全能够追赶上神灵、与神灵沟通，由此构想出来神马、天马等。但是，用我们今天的思维意识模式，是无法想象的，既不知晓其神秘的内涵，更难以猜测其本意。另外，在北京市琉璃河也曾经出土了一件兽面饰（见图6-1-8），有点类似于外星人的造型，十分诡异，属于西周时期的器物，

图 6-1-8　青铜兽面饰（北京市房山区琉璃河出土）

现藏于中国社科院考古研究所。对于此兽面饰的内涵我们一无所知，凭借今天的认识，包括宗教的认识，见仁见智不一而足。

琉璃河遗址位于北京市的房山区琉璃河乡，是一处大型的商周遗址，东西长 3500 米，南北宽 1500 米，包括了城址、墓葬和居住遗址。从 1973 年开始，到 2002 年，经过数次发掘。作为燕国的都城，琉璃河遗址为北京地区历史文化的渊源的确定提供了坚实的基础，同时为夏商周断代工程提供了珍贵的资料标本，成为该工程的重要收获。

从造型上看，这是一件既像野兽又像人的面饰，是长着类似牛鼻孔而又有人牙的奇特青铜面具。充分反映出燕国人在与神灵交流时的一种矛盾的状态，他们既不愿意暴露自己的身份，同时又想让神灵知道他们的目的。

另外，与长江流域的马面饰相比，远在白山黑水之间的吉林省也出土了一件汉代的青铜神兽牌饰（见图 6-1-9），现藏于中国国家博物馆。此牌饰 1980 年于吉林省榆树市老河深墓葬出土，青铜材质，通体鎏金，上面铸造有一只奔跑的神兽，速度极快，颇有些风驰电掣的感觉。

图 6-1-9　鎏金神兽青铜牌饰（吉林省榆树市老河深出土）

在古老的鲜卑人流传的神话当中，有一种神兽体形像马，而叫声像牛，据说该神兽能在山谷中为人指引方向，使人不至于在深山老林中迷路。对于生就灵气造福于人的神兽,人们特意用鎏金美化其形象,以示崇敬之情。神兽的出现是生活在长白山地区人们的期盼,他们世世代代生活在相对封闭的环境里,对大自然的一切都充满着热爱,在期望自己的生活更加幸福的同时,渴望美好的将来,希望通过神兽最大限度地满足精神生活的需求。

第二节　时代脚步

中华文明源远流长,它不是简单的要素综合与条块归纳,而是产生于中国传统文化背景下,由物质和精神两方面构成。这里有人文的因素,也有地理的因素,同时也包含社会制度和外来因素等。传统是动态的,文化是发展的。青铜器是历史的产物,是中国人智慧的结晶。然而,考察历史,就会发现任何传统的东西躲不过历史对它的扬弃、补充和丰富,必然会随着时代的发展、社会的变化而变化。世界上没有一成不变的东西,青铜器的发展、演变和衰落就是最好的见证。

一、方中规圆

中国古话说得好:无规矩不成方圆,方和圆在青铜器当中表现得最为突出。以鼎为例,从夏朝开始到汉朝为止,在2000年时间内数量众多精美各异的青铜鼎当中,其基本造型为方形和圆形。方形鼎均为四足,而圆形鼎均为三足。从数量上讲,圆形鼎居多,占据了绝对优势,尤其是礼制规定的列鼎,如天子九鼎八簋,诸侯七鼎六簋等,在考古发现中绝大多数都是圆鼎,实物的发现使人意识到,这种状况一定有其道理。

圆是古人到对宇宙的认识,天是圆的,三足鼎立的三足,则是包含着宇宙万物,老子说:"道生一,一生二,二生三,三生万物。"八卦中的乾卦正是三横,司马迁在《史记·律书》中说:"数始于一,终于十,成于三;气始于冬至，周而复生。"三就是一，一就是天，所以人们在评论伏羲发明八卦时常说一画开天，就是这个道理。

从铸造工艺上讲，方形鼎要比圆形鼎麻烦得多。圆鼎在造型时不容易掉沙，结构很容易压紧，便于浇注。如果你仔细看方形鼎的沙眼要比圆形鼎的多得多，不要说青铜铸造的鼎，就是大众化的紫砂壶，方形的也比圆形的难做，平均价格也比圆形茶壶要高。

考古发现，最早的夏鼎都是圆的，到了商朝早期，有圆有方，不过，还是以圆形的居多，如湖北省武汉市黄陂区盘龙城一带发现的青铜鼎，于1989年盘龙城杨家湾11号墓出土，是商代早期的青铜器。鼎高85厘米，口径55厘米，鼓腹，其项部的饕餮纹由细线云纹构成（见图6-2-1），是我国目前已发现的商代早期最大的圆形青铜鼎。

图6-2-1 青铜鼎（湖北省武汉市黄陂区盘龙城杨家湾11号墓出土）

究其原因，一是圆形鼎铸造起来比较容易，废品少；二是偏重于实用功能。

生活中，鼎就是锅，是烹煮食物的器皿，生活经验告诉我们，圆形的锅要比方形的锅使用起来更加方便，直到今天我们做饭的锅依然是圆形的，而且全世界老百姓使用的锅大多都是圆形的。

显而易见，商朝出现方形鼎不是偶然现象，有着深刻的时代背景和文化内涵。例如商王武丁的儿子为纪念他母亲"戊""辛"特意铸造成方鼎而不是圆鼎，正是从四方大地王国母亲的角度出发，表现出儿女们对伟大母亲的孝敬和崇敬。

儿子为母亲妇好铸司母辛大方鼎，虽然文献没有记载，但由于妇好当时在国家政治生活中的地位和影响，铸鼎肯定是一件极为隆重而又轰动朝野的大事情，其影响之深远远远超出人们的想象，并由此成为后世效仿前人的榜样。

我一直认为：方代表着大地，天圆地方，大地又是母亲，古人将天比作阳，将地比作阴，将男人比作阳，将女人比作阴。从天地之间、阴阳之间、男女之间来认识，不难发现，商朝的方形大鼎有相当一部分可能是祭祀女性专用的，或者说就是为伟大的母亲而专门设计的，如著名的司母戊鼎、司母辛鼎等，都是祭祀母亲的。

方鼎内涵比较复杂，不排除与生生死死相关联。例如，在山西省的灵石县旌介村就出土了一件精美的商朝方形鼎，叫作"蝉纹铜方鼎"（见图6-2-2），寓意非常深刻，现藏于山西博物院。

蝉，是一种很特殊的昆虫，幼时为虫，成年后蜕皮羽化，周而复始。古人很早就发现了蝉的特殊习性，认为这是死而复生，又多与雌性相关。他们用蝉作为装饰纹，寓意复活和永生。从商朝开始，发展到周朝后期、至汉朝，人们往往将玉雕刻的蝉放入死者的口里，作为敛玉以求庇护和永生。

周朝建立之后，随着礼仪制度的推行和强化，确立了男人在社会活动中的绝对地位，于是，女人开始退出历史舞台，再也没有出现类似于妇好这样的伟大女性。方形鼎也逐渐退出了历史舞台，由圆形鼎一统天下，特别是列鼎，成为父权的象征。

图 6-2-2　蝉纹铜方鼎（山西省灵石县旌介村出土）

二、删繁就简

青铜器一路走来，既有辉煌也有衰落，经过数千年历史的选择与积淀，为我们今天了解和复原古代社会的场景提供了不可多得的实物资料，为研究和弘扬中华文明奠定了必不可少的物质基础，尤其是青铜器纹饰的发展与变化最为明显。

纹饰不具备实用功能，只是起着美化器物的作用，但是，从美学的观点出发，却反映出人类不断提升的审美意识。中国的纹饰起源非常早，至少在距今8000年前的陶器身上就已经用图案在美化器物，距今6000年前后的彩陶达到了这一时期工艺的高峰。青铜器的出现改变了人们的生活，随着夏王朝的建立，帝王和贵族们的生活奢望也随着社会的发展在不断提高，于是传统的纹饰工艺开始在青铜器上施展，图案由简单逐步向复杂过渡，由明快朝繁缛华丽发展，由平和朝神秘诡异延伸。特别是饕餮纹、兽面纹、龙纹、凤鸟纹、蟠螭纹等，内涵也变得越来越难以琢磨。

我们以上海博物馆收藏的兽面纹鬲为例进行解剖：兽面纹鬲是商代晚期的青铜器（见图6-2-3），鬲身上的兽面纹是由多种动物纹组成，其中还包括了想象中的动物，虚际而来神秘莫测。

图 6-2-3　兽面纹鬲及细部（上海博物馆藏）

该鬲的兽面纹的特点是以中间的鼻梁为中线，一分为二，讲究两边排列对称，自上而下为角、眉、目以及两侧的耳朵。尤其是双目，一对大眼睛特别凸出，阴森森的，似乎要看穿人的五脏六腑，令人不寒而栗。

兽面纹营造如此神秘恐怖的气氛，可能是铸造者根据主人们的意思创作而成，或许有巫师提供草稿。从客观上说，当时自然对人们的威胁太大，人们无法抗拒，便产生了恐惧和敬畏，进而顶礼膜拜、祈求平安。从主观意图上看，将兽面纹铸造在青铜器上，其用意就是恫吓老百姓，通过精神上的压制，达到维持统治的最终目的。

历史的车轮滚滚向前，不以人们的意志为转移，从商朝到汉朝，1000多年过去了，青铜也不像当时那样神秘、那么尊贵，纹饰也删繁就简，最终演变为素面，不再是礼制的专用品，而趋于实用。然而，传统终归有自己的延续性，怀旧意识有时候还相当强烈。北京大学赛克勒考古与艺术博物馆收藏有一件博邑家铜鼎，是典型的素面青铜鼎。该鼎上刻有23字的铭文，具体是："博邑家铜鼎，容一斗，重十一斤。永光五年二月，河东平阳造"（见图6-2-4）。河东平阳，今山西省临汾市一带，古为尧都所在。永光五年，西汉元帝的年号，即公元前 39 年。据此可知，博邑家铜鼎铸造于西汉后期，是官方定制的标准计量器。

图 6-2-4　博邑家铜鼎及铭文（山西省临汾市出土）

就器物本身而言，从博邑家铜鼎可以看到，西汉时期，随着铁器的大量使用，青铜鼎已经失去了原来的辉煌，异常繁复神秘的纹饰转变为平平光光的素面，不做任何修饰。虽然还保留了那么一点点的权威性，但更加注重其实用功能。

还有，作为食器的敦，主要用来盛放煮熟的稻、黍、稷、粱等，秦代以后消失。敦又是礼器，周朝与鼎相组合的是簋，春秋时期开始为敦，到了战国时期则改变为盒。随着社会的变化，敦的作用在减弱的同时，纹饰也发生了变化，最明显的就是删繁就简。下边，将两件不同时代的敦相互比较，其变化一目了然。

第一件是陕西省宝鸡青铜器博物院收藏的青铜敦，敦身为扁圆形，子母扣，单耳，三足，出土于陕西省宝鸡市凤翔县的南指挥乡（见图 6-2-5），是春秋时期的器物。该青铜敦原为上下两部分，现在只有下半体的部分，缺盖。通体饰有窃曲纹。窃曲纹是西周中期以后形成的一种纹饰，大体由鸟纹、龙纹衍化而来，类似一个横着的 S 形，相对比较随意是春秋时期常见的纹饰。此敦显得非常厚重。

图 6-2-5　青铜敦（陕西省宝鸡市凤翔县南指挥乡出土）

　　凤翔是秦人从甘肃向东发展的第一个大本营，也是秦人的老家之一，曾经出土了大量的青铜器。尤其是罕见的秦公1号大墓，是目前全国最大的先秦时期的墓葬，面积达到5334平方米。最令人吃惊的是，当东方诸侯国基本上不用殉人时，秦国却大张旗鼓地延续野蛮的殉人制度，秦公1号大墓殉人就达188人，是西周以来殉人最多的墓葬，墓主人就是大名鼎鼎的秦景公。

　　《史记·秦本纪》载："二十年（公元前678年），武公卒，葬雍平阳。初以人从死，从死者六十六人。"这是史书关于秦殉人的最早记载。实际上，早在武公百年之前就已经开始殉人了，至少从秦襄公（公元前777年～前766年）时就已经实行殉人制度。在秦人发迹的甘肃省礼县圆顶山一带发掘的墓当中就有人殉葬，而且有站立的殉人[1]。礼县的考古发现证实，不仅大型秦公夫妇墓有殉人，而且在中型贵族夫妇墓也在使用殉人，甚至小型墓也使用人做殉葬品。自秦襄公开始，到秦武公用66人殉葬，即当时著名的三位大臣：奄息、

---

[1] 徐日辉：《秦早期发展史》，中国科学文化出版社2003年版，第236页。

仲行和铖虎。对此秦人十分哀痛，作《黄鸟》以刺，发出"彼苍者天，歼我良人，如可赎合，人百其身"的呼叫。发展到秦景公用188人殉葬，将这种野蛮制度推向了极点。无疑，秦人的残暴也被永远地钉在历史的耻辱柱上。

当人们称赞秦人秦国的强大时，有多少人知道强大的背后却是举世无双的残忍。因此在这里出土的青铜敦，显示出秦人欲夺天下的野心，极为霸气。

第二件青铜敦是湖北博物院收藏的一件青铜敦，出土于湖北省江陵县望山2号墓（见图6-2-6）。敦身为长圆形，由分上下两个造型相同的深腹钵扣合而成，三足，双耳在下半部分，是战国时期的器物。该青铜敦不但通体没有纹饰，而且还有用火烧燎的痕迹，在使用时，下半部分用于烧饭，上半部分则当分餐用的碗，一物两用，是一件不折不扣的生活用品。

图6-2-6　青铜敦（湖北省江陵县望山2号墓出土）

通过两件青铜敦的比较，不难看出随着祭祀作用的淡化，敦作为礼器的功能降低，变得不再那么神秘而贴近生活，出现素面和平民化的趋势。失去了神圣光环的敦，战国时期在北方还在敦上加入了镶嵌工艺，成为供人欣赏的工艺品；而在南方地区大多以素面为主，趋于衰落，显示着行将就木的归宿。

三、推陈出新

落幕，人们最不愿意看到的结局，但没有办法，历史就是这样，无论你如何悲哀。当青铜器离开它所在的中心地位的时候，当它趋于平民化的时候，推陈出新便是它的发展的唯一途径。例如，春秋时期，青铜鼎在中原地区虽然没有周朝那么显赫，却仍不失为庙堂之器。但是，到了北方民族手里则完全不是那么一回事。

现藏于北京首都博物馆的一组来自北方的青铜浅腹小鼎，为我们展示了不同民族对鼎的不同认识，使所有参观者眼前一亮。

这一组八只浅腹小鼎，出土于北京市延庆县（今延庆区）西拨子窖藏，大小规格一样，是春秋时期北方民族中贵族们使用的食器（见图6-2-7），它们是仿照中原地区的青铜礼制铸造而成，虽然工艺粗糙，却造型新颖奇特，真实地反映出北方民族与中原文化交流的历史状况。事实说明，鼎在古代并不是中原地区的专利，周边地区也在学习仿制。

图6-2-7 浅腹鼎及单体（北京市延庆县西拨子出土）

仿制和改造后的浅腹鼎应该是当地日常生活的用品，奇特之处就在于它突破了鼎在筵宴中多用于盛放熟食的惯例，类似于今天的小火锅，我们仿佛看到了当年贵族们宴饮时使用火锅时推杯换盏的热烈场景。

人们常说吃在广州，并非空穴来风向壁虚构，至少在南越王时期就已经初现端倪，现已被南越王墓出土的器物所证实。南越国是西汉时期由赵佗在岭南地区建立的诸侯国，从公元前203年~前111年，经历了约100年的历史。南越王墓的主人是赵眜，南越王赵佗的孙子，南越国第二代国君，公元前137年~前112年在位，前后一共16年。赵眜墓共出土金、银、铜、铁、玉、陶、琉璃、漆、竹、木等遗物1000余件。其中的青铜烤炉使我们大开眼界，见识了南越王奢靡的口腹之好。

青铜烤炉是1983年出土的，一共3件，距今约2120余年，现藏广东省广州市西汉南越王博物馆。其中最大的一件青铜烤炉很有特色，烤炉为长方形，炉底置放火炭，进行烧烤。四个角向上翘，以防备在烧烤时食物滑落掉在地上。在烤炉的下边设有4个带轴的轮子，可随意滚动。另外在烤炉的四壁铸造有铺手环，环上栓有铁链条，以方便用手拖着四处移动（见图6-2-8）。由于当时盛行的是分餐制，大家就餐时席地而坐，使用带有轮子的烤炉就显得相当方便，可以拉着烧烤不断在客人面前走动，免去了反反复复起来取食、坐下来吃肉的麻烦，非常实用。

图6-2-8　铜烤炉（广东省广州市南越王墓出土）

汉朝人喜欢吃烧烤，烤炉有方形也有圆形。吃也分为两种情况：一种是厨师在操作间完成之后送到宴会现场，厨师多是站着完成食物制作的，江苏省徐州市出土的汉代画像砖多有类似的场面。另一种便是在现场边烤边吃，南越王墓出土的烤炉就适用于第二种情况。

青铜烤炉最大的亮点就在于它可以拉动，在烧烤之前先将烤炉拖到屋子的外边，等烤炉里的炭火没有烟的时候再拖回屋里，这样既环保又卫生，可谓一举两得。

南越王墓里还出土了一件青铜挂钩，很有特点，当地人用粤语叫它"急死蚁"（见图6-2-9）。所谓"急死蚁"，实际上是"气死蚁"，就是气死蚂蚁，从名称我们就可以将其用途猜出个八九不离十。这是一个奇妙的发明创造，整个挂钩的上半部分有一个深腹的碗，挂钩的铜杆从碗的正中间穿过，下边才是钩。为什么要这样制作呢？原来在没有电冰箱的古代，新鲜食物的贮藏是一件非常麻烦的事情，尤其是像广州这样天气炎热的地区，往往是人吃二分之一，腐坏或被蚂蚁、老鼠等虫害吃二分之一，特别是肉类，情况更为严重。所以聪明的广州人发明这件气死蚂蚁的挂钩，使用的时候在碗里注满水，这样蚂蚁就没有办法吃到下边挂钩上的肉，所谓闻得见吃不着，气死蚁、气死你，既简单又实用。

图6-2-9　铜挂钩（广东省广州市南越王墓出土）

"气死蚂蚁"是劳动人民对长期生活实践经验的创新提升,虽然谈不上伟大的发明创造,却也无愧为绝妙的构思。

第三节　记忆犹新

一段逝去的历史,早已被人们所淡忘。当大量的青铜器物被发现、被展示在人们眼前的时候,让人感觉到我们中华文明不仅仅是学者们枯燥的宣传和呆板的文字记录,而展现出鲜活的故事、动人的画面。历史原来如此,大可重新认识。

一、财富与人性

青铜器虽然是遗忘的轶事,但发掘出来却对今天社会的发展仍有借鉴之处。被扭曲的财富与人性,一直是人们探讨的话题,财富也是考验人性良知的试金石。陕西省宝鸡青铜器博物院收藏有两件叫作"刖人守门鼎"的青铜器,观之令人五味杂陈倍感冷酷。

第一件刖人守门鼎1976年出土于陕西省扶风县的庄白村的1号窖藏,是西周中期的器物。此鼎为方形,高17.7厘米,口长9.2厘米,宽11.9厘米,腹深6.3厘米,重1.6千克(见图6-3-1)。器分上下两部分,上部分设有双耳。下层为火炉,四足。最令人震惊之处就在火炉的门上。

图6-3-1　刖人守门鼎
(陕西省扶风县庄白村1号窖藏出土)

火炉正面开一小门，分左右两片门扇。左门扇饰一兽钮，右门扇则是一个被砍掉左足、手持插关的守门人，颇为悲惨。刖是古代五刑之一，即砍断脚。人受过刖刑之后就变成行动不便的残疾人，古代的权贵们往往将刖人充当看门人，眼前守门的刖人正是被施用刖刑后的奴隶，其惨不忍睹的生活昭然若揭。

第二件刖人守门鼎1988年出土于陕西省宝鸡市南郊的茹家庄，此鼎为长方形，高18.7厘米，口长14厘米，宽22厘米，重4.3千克，是西周中期偏晚的青铜器（见图6-3-2）。此器与上一件的结构相仿，分上下两部分，上边为器身，下边为火炉。火炉的下方有一小门，左门关闭，右门大半敞开。在门的外边紧靠门的地方站立着一个受过刖刑的人，这个人比上一位更加悲惨，他被砍掉了左足右臂，守卫着大门，受人凌辱而痛苦地活着。

图6-3-2　刖人守门鼎及细部（陕西省宝鸡市茹家庄出土）

西周时期贵族们的生活极其奢侈，他们无休止地消费。而处于社会最底层的奴隶极其艰辛，他们没有土地、没有自由，甚至连性命都无法保障，朝不保夕的他们只是一群会说话的工具，有些地方的奴隶制甚至延续到春秋时期。

战国之后，中原地区人的身份发生了重大的变化，而在西南地区似乎仍顽固地保留着中原奴隶社会的一些形态，杀人祭祀即为其代表。

云南省自古以来就是有色金属的重要产地，青铜产品相当丰富，其中贮贝器就是今天我们常说的储钱罐，放钱用的工具。目前在古老滇国的范围内出土了近百件青铜贮贝器，而云南省晋宁县（今晋宁区）石寨山出土的贮贝器展示给人们的不仅仅是金钱与财富，还伴随着血淋淋的杀人祭祀场面，令人毛骨悚然。

其中收藏在云南博物馆的一件"杀人祭鼓青铜贮贝器"让人极为震撼（见图6-3-3）。该贮贝器为鼓形，分器和盖两部分。器高38厘米，盖径30厘米，出土于云南省晋宁县石寨山20号墓，是西汉时期的器物，堪称是财富与人性的真实写照。

图6-3-3　杀人祭鼓青铜贮贝器及细部（云南省晋宁县石寨山20号墓出土）

杀人祭鼓青铜贮贝器的器盖上铸造有一个人被双手反绑在柱子上，作为祭祀用的牺牲品等待死亡。中原古人在举行重大的祭祀活动时，往往用牛、羊、猪作为祭品，称为"三牲"。用人作为祭品在中原地区多见于商朝，进入汉朝之后，除了战时之外，比较罕见。但是，在云南地区却相当普遍，在云南省博物馆还收藏有一件杀人祭柱场面的青铜贮贝器，上边铸造52个人物和1猪1狗，其中有3个人就是即将被杀的祭品。

将杀人的场面铸造在储钱罐的盖子上，此做法至少为我们传递出以下几方面的信息：首先，汉朝时期云南地区的社会制度落后于中原地区，野蛮的人祭作为统治者威慑老百姓的手段继续存在；其次，杀人的场面、战争等不同造型场面的贮贝器，反映出金钱占有者变态的心理和扭曲的人性；再次，生活在云贵地区的先民们为西南地区青铜文化的发展做出了重要的贡献，而且极具特色。

通过大量的青铜鼓、青铜贮贝器等，不难看出当时当地的铸造工艺，相对于中原地区还是要略逊一筹。

古人说：人为财死，鸟为食亡。追求财富是人类的本性，其欲望可以说是永无止境，自古以来就有不少人为了财富可以不择手段、可以不顾亲情、可以突破道德底线，无所不用其极。对此，古人又说：君子爱财，取之有道。关键在于道，道就是道理，就是底线，就是道不同不相为谋，就是得道多助失道寡助。今天，伴随着社会的进步，文明的发展，人们对于财富的认识也在发展变化当中，使用暴力和不法手段鲸吞资产掠取财富的行为，已经成为正义打击的对象。

二、旅行的诱惑

旅游、旅行、旅行社是现代社会出现频率较高的词组之一，其实，旅行的"旅"最初与军队相关，早在3200多年以前"旅"就出现在甲骨文一期当中，其字形像人在旗帜的下边，众人拥着旗子向前走。因此《说文解字》称："旅，军之五百人为旅。"《周礼·地官司徒·小司徒》规定："五旅为师。"《孙子兵法·谋攻》子称："夫用兵之法，全国为上，破国次之；全军为上，破军次之；全旅为上，破旅次之；全卒为上，破卒次之；全伍为上，破伍次之。是故百战百胜，非善之善也，不战而屈人之兵，善之善者也。"均与军队以及战争相关。

"旅"为军队，古代的军队是为战争服务的，而战争是在运动中完成的，是动态的流动的，所谓君行师从，卿行旅从，因而"旅"又借用为行。《尔雅》称"征迈，行也"，是为"旅行"。所以，我国将从事旅游经营的企业称之为旅行社，而不是旅游社。

汉武帝元鼎五年（公元前112年）前伏波将军路博德和楼船将军杨朴率领10万大军兵分5路征南越，并且设立南海九郡，其中包括琼山、儋州，出土于今海南省儋州市落基镇基西队的汉代青铜釜便是最好的说明（见图6-3-4）。

图 6-3-4　海南青铜釜（海南省儋州市落基镇基西队出土）

　　海南青铜釜体形硕大，口径 61 厘米，通高 54 厘米，双耳，饰绳纹，而且在每只耳的两侧各铸有一只对称的小鸟，神气十足，现为海南省博物馆的镇馆之宝。

　　釜，就是今天的锅，曹植《七步诗》称："煮豆燃豆萁，豆在釜中泣。本是同根生，相煎何太急。"项羽当年破釜沉舟的举措，讲的就是连做饭用的锅都砸碎了，以表示一往无前的拼命精神。海南青铜釜就是当年伏波将军的部队使用的行军锅，看似简单，实则不然。此釜颇有些讲究，在口沿下有一凹槽，是为放甑专门设计的，在釜上放甑就和甗一样，下边烹煮食物，上边蒸馏食物，一锅两用，同时进行，省时省力。

　　海南以"天涯海角"而著称，是唐宋两代贬官之地，这些被贬之人虽为匆匆的过客，却给后人留下了悬念。今天此地已不再是天的尽头，而且是对外交流的前沿。

　　从古至今，随着时代的不同，流行于社会的生活用品也不尽相同，青铜器中盛放熟食的簠，在贵族们的生活当中可以说是一刻也不能离开，甚至在旅行过程中也随身携带，现藏于首都博物馆的叔繁簠正是典型的代表（见图 6-3-5）。叔繁簠原来是清朝王宫的藏品，不知道为何从宫中流出，后来被埋在了北京市海淀区东北旺村，1957 年修建公路时被挖出来。该簠高 9 厘米，口长 25.5 厘米，

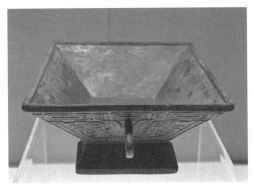

图 6-3-5 叔繁簠及铭文（北京市海淀区东北旺村出土）

宽 19.5 厘米。窄沿方唇，口大底小，类似于量器斗。簠底铸有"吴王御士尹叔繁作旅簠"11 个字。吴，吴国，今天的苏州一带地，旅，指旅行。

叔繁簠是一件西周末年到春秋初年的器物，是由吴国带到燕地，并且是作为旅途中随时使用的食器，交流到北方的。

叔繁簠是中国最早的旅游产品，如果从旅游宣传角度而言，天下哪有比这更好的广告。

在旅游的吃、住、行、游、购、娱、商、养、学、闲、情、奇等要素当中，吃、住、行是必备条件，而吃第一位的。如果说叔繁簠用于吃，那么，下边这件青铜牛车则用于行。行者旅行，行至关重要，所谓读万卷书行万里路，正是此意。该牛车是广东省深圳市沙头角公安分局查获的走私文物，高 23.5 厘米，长 4 厘米，宽 18 厘米，是北朝的器物（见图 6-3-6），现藏于广东省深圳市博物馆。

图 6-3-6 青铜牛车（广东省深圳市沙头角公安分局移交）

该牛车铸造得十分精巧，车厢上有椭圆形盖子，雨棚上翘，尤其是拉车的老牛颇为传神，不紧不慢，俨然一副悠然自得的样子，完全是当年旅行者外出游历的真实再现。

行是旅游的前提，你不走出去，何来的旅游一说。从古至今，旅行者出游无外乎走路和乘坐交通工具，在没有汽车、火车和飞机的古代，有钱人出游自然是骑马、骑驴、乘车、坐船。陆游在《剑中道中遇微雨》诗称："此身合是诗人未？细雨骑驴入剑门。"南宋乾道八年（公元1172年），陆游应四川宣抚使王炎之聘，到军中襄理军务，并在陕西南郑（今陕西省汉中市）度过了八个月的时间。在他奉命调任成都府路安抚使司参议官，由南郑到成都的途中骑着小毛驴路过剑门关时，写下了上面的诗句。我在1985年考察陇蜀道时，曾经在剑门关连住7天，为的就是体验陆游诗句中的意境。广东省深圳博物馆收藏的北朝牛车虽然比不上秦始皇陵出土的铜车马，也比不上甘肃省武威市雷台出土的青铜车马仪仗队，却也体现出旅行者的自娱自乐优哉游哉。

三、象獏的启示

文物代表着一段历史，是时代的产物，它不像文献有避讳曲笔等人为加工之痕迹，其具有非人力可以随意改变的真实性。正因为如此，我们从出土的青铜器当中可以了解到历史上曾经发生过的各种各样的现状，包括自然环境的变迁。以大家在动物园经常看到的亚洲象为例，就能够通过青铜器去发现历史环境的重大变迁。

亚洲象主要生活在亚洲的热带地区的东南亚和南亚，一般身高2.4米~2.8米，身长5米~7米，象牙长2米左右。当今中国亚洲象分布在我国云南省西部、西南部少数地区，在云南省西双版纳一带还能看见。历史上亚洲象曾经活跃在我国的黄河流域，殷墟出土的甲骨文中就有象字，而且在距今3200多年前的妇好墓里就出土了象牙器3件，其中1件象牙杯，高30.5厘米，并且采用了浮雕、线刻、镶嵌等工艺，异常精美，现藏于中国社科院考古研究所。妇好墓出土的象牙杯所使用的象牙正是活动于黄河流域的亚洲象。象在古代人生活当中具有一定的位置，人们除了用象牙制作器物之外，还有不少以象为造型的青铜器，如象尊等。

目前，国内已出土了多件青铜象尊，其中最大的一件现藏于法国巴黎吉美博物馆，该尊高65厘米，长96厘米，据说出土于长沙，虽然无法确定，但属于长江流域应该没有问题，而且它正是以当时的亚洲象为原形铸造的，系商朝晚期的青铜器物。另外在美国的弗利尔美术馆也收藏有一件象尊，也是长江流域的器物。1975年在湖南省醴陵市仙霞镇出土了一件高22.8厘米、长26.5厘米的象尊，现藏于湖南省博物馆。

河南省简称"豫"，《说文解字》称："豫，象之大者。……从象。"就是说古代的河南曾经是大象生活过的地区，所以才称之为"豫"。考古发现，青铜象尊不仅仅在长江流域有出土，而且在黄土高原的陕西省也有出土。1974年在陕西省宝鸡市南郊茹家庄1号墓出土了一件造型颇具特色的青铜象尊。尊高23.6厘米，长37.8厘米，是西周中期的器物（见图6-3-7），现藏陕西省宝鸡青铜器博物院。

图6-3-7　青铜象尊（陕西省宝鸡市南郊茹家庄1号墓出土）

值得一提的是此象尊以云雷纹衬底，饰有四组凤鸟纹、蛇纹、几何纹等。体型特别肥胖丰硕，背部几乎是方形，尤其夸张的是身躯，几乎成为一个圆乎乎的大皮球。其象牙外露，双眼突出。长长的象鼻高高挑起，鼻头翻卷好像正在喷水，活灵活现，创意不凡。

更令人惊奇的是，在陕西省和山西省各自出土了一件极为罕见的青铜貘尊，其原形是目前中国已经绝迹的动物——貘。第一件貘尊是1974年12月~1975年3月在陕西省宝鸡市南郊茹家庄2号墓发现的，宝鸡貘尊高18.6厘米，长30.8厘米，是西周早期的青铜器（见图6-3-8）。

图6-3-8 青铜貘尊（陕西省宝鸡市南郊茹家庄2号墓出土）

貘尊的形象十分奇特，整体丰满圆润，圆乎乎的肚子，长长的身体。特别是两只小眼睛和一对大耳朵，既像羊又像猪，还像穿山甲，甚至有点像犀牛的感觉，所以有人认为是五不像。

说起貘尊的名称，还有一段鲜为人知的故事。貘尊出土之后，人们不知道叫什么动物，因为过去从来没有见过如此的造型。它出土时与一青铜盘相配，应该是盥洗用的器物，当时称之为"羊尊"。1993年春，时任上海博物馆馆长的马承源先生到陕西省宝鸡市考察，看到了此尊。马承源先生是中国著名的青铜器专家，他经过仔细观察和反复琢磨，认为应该定名为貘尊，从此以后，貘尊便成为其正式的名称。

无独有偶，在陕西省宝鸡市貘尊出土10余年之后，山西省运城市的绛县也出土了一件西周时期的青铜貘尊。2004年是注定不平凡的一年，在中国考古史上继秦始皇陵兵马俑发现之后又有一次重大发现，这便是山西省运城市绛县横水倗国墓地。倗国墓地出土了青铜、陶、玉、漆、贝以及丝织品等总共1.4万余件，其数量之多、等级之高都实属难得一见。时隔两年之后的2006年，在倗国墓地出土了这件著名的青铜貘尊。

绛县貘尊高11厘米，长18厘米（见图6-3-9），从头到尾呈流线型过渡，短颈，头向上扬起，背部有盖，设鸟形钮，饰鳞纹，整体造型与宝鸡市的貘尊几乎一模一样。

图6-3-9　青铜貘尊（山西省运城市绛县横水倗国墓地出土）

貘是一种哺乳动物，喜欢生活在温暖潮湿的环境，中国境内已经绝种，现仅分布于东南亚的马来西亚、苏门答腊、泰国，以及中美洲和南美洲地区。现代貘一般高0.75米~1.2米，长1.8米~2.6米。貘以食树的嫩叶为主，习性胆小，善于游泳，一遇到惊吓便潜水逃跑。

陕西省貘尊和山西省貘尊的发现，证明在西周时期中国北方还生活着今天的热带动物貘，表明当时的黄土高原雨量充沛，气候湿润，有着大面积的森林、水草和沼泽，气候和今天秦岭以南地区类似，与环境考古的发现相吻合。当时的铸造工匠们以亲眼所见长期观察,将貘的形象铸造成为酒器,以丰富贵族们的饮食文化生活。

古人饮酒,一般先将酒倒入尊内,加温或者不加温,饮用时用勺从中取出,再分到酒杯当中。那么,貘尊给我们提示了什么呢?从文化内涵上讲,貘是胆小的动物,将其形象铸造成酒尊,其目的就在于提醒手持酒器的下人必须谨小慎微地伺候主人,否则便会大祸临头。更重要的是它为我们提供了气候变化与环境变迁的实物证据。

根据竺可桢先生以及相关专家的研究,在距今5000年的时候中国北方的气温平均比今天要高出3℃~5℃,中华文明就在这一时期繁荣起来,与温暖的气候有着极为密切的关系。商周之际北方年均气温比现在也要高2℃左右,黄河流域生长着大面积的竹子、梅子等亚热带植物。梅是最早的酸味调味品提取物,至今已有七八千年的历史。①根据《尚书·说命》的记载,商王武丁在向傅说请教时曾说:"若作和羹,尔惟盐梅。"此处的"盐梅"就是调味品,而且是做羹常用的最好调味品。1975年,考古工作者在河南省安阳市殷墟遗址中曾经发掘出一件铸造精美的青铜鼎。鼎中除了装有部分粟谷外,还盛满了已炭化的梅核。梅与粮食共装一鼎,表明梅在商代生活中占有很重要的地位。今天梅在全国各地均有栽培,主产于四川、浙江、福建、云南、湖南、贵州等省,而黄河流域已不多见了。

通过青铜貘尊与历史文献的记载,说明中国的气候确实在3000年来发生过一系列的变化,基本趋势是朝着半湿润、半干旱气候发展,今天的黄土高原的自然环境与当年貘生活的环境已经不能同日而语。时下有科学家认为全球气候变暖,对于全球而言可能不是什么好事情,但是,对于中国而言未必就是一件坏事情,尤其是黄土高原。

---

① 徐日辉:《〈本草纲目〉所载甘味调味品考》,载《商业经济与管理》2003年1期。

第四节　恩泽后代

时间一分一秒地流失如同白驹过隙，历史反而一点一滴地在积淀厚重。正是古人们的生活经历零零碎碎地被记录在青铜器上，才使后人有了更加丰富与充实的历史感。面对具有2000年辉煌的青铜器时代，面对眼花缭乱的造型、匪夷所思的奇妙构想、内涵深刻的期盼、源于生活而又超越生活的创意，我们突然意识到这是不可复制的辉煌，是惠泽后代的财富。

一、眼花缭乱的造型

2000年的青铜文明，数以万计的青铜器，其种类繁多，用途各异，造型千姿百态，令人眼花缭乱。在人们特别关注大型的青铜器的时候，也不应该忘记几乎被遗忘的小件器物，它们虽然在体量上不如重器那么壮观，但在其制作工艺的精巧程度和文化内涵上也同样可圈可点。下面让我们进入西北地区的宁夏回族自治区博物馆，考察两件颇具特色的虎噬驴透雕青铜牌饰，由此了解塞上江南的历史风韵。

宁夏回族自治区出土的虎噬动物的青铜牌饰不止一件，包括老虎噬羊、噬鹿等。从我国发现的虎噬动物的造型看，最多的是老虎吃牛、吃羊、吃鹿，也有吃人的，但是老虎吃驴的却不多见。因为驴这种动物并非各地都有，作为地域文化的一种表现，驴是西北地区农业生产活动中重要的大家畜。

宁夏回族自治区博物馆收藏的两件虎噬驴透雕青铜牌饰，1977年出土于宁夏回族自治区固原市的杨郎匈奴墓，长13.7厘米，宽8.2厘米（见图6-4-1），是春秋战国时期的器物。

虎噬驴青铜牌饰采取的是传统的透雕工艺铸造而成，通过老虎吃驴这一弱

图6-4-1 虎噬驴透雕青铜牌饰正面(宁夏回族自治区固原市杨郎匈奴墓出土)

肉强食的活态场景,展示出古人对食物链的朴素认识。该器物出土于北方游牧民族匈奴人的墓葬,充分体现出北方游牧民族特有的文化印记。

春秋战国时期宁夏回族自治区的固原市位于丝绸之路北道东段之要冲,一直是军事要地,战略位置相当重要。地理上在古代与匈奴交界,处于农耕文化与游牧文化的交汇区,成为内地抵抗匈奴的前沿阵地。

我们知道文化是通过交流不断地发展的,匈奴是游牧民族,以畜牧业为主,农业生产为辅。与汉民族的交流促使他们学习汉文化,尤其在交壤地区最为明显,因此,虎噬驴青铜牌饰便带有一定成分的汉文化印记。

驴子是西北地区农业民族的主要家产,而到处可见的老虎则是家畜的天敌。当先民的驴被老虎吃掉的时候,不但损失自己辛辛苦苦积累起来的财产,而且在心理上会产生极大的恐惧。当时的固原一带仍以农业为主要经济形态,老虎噬驴的造型,表现出匈奴人慑服汉人的意图,以及对农业民族心灵上的压抑。

孙中山先生曾经指出:"我中国近代文明进化,事事皆落人之后,惟饮食一道之进步,至今尚为文明各国所不及。中国所发明之食物,固大盛于欧美;

而中国烹调法之精良，又非欧美所可并驾。"[1] 实际上博大精深独树一帜的中国饮食文化不但能吃出明堂，而且也能喝出文化，尤其是青铜器中的一些精美的小酒器，玲珑剔透可圈可点。例如，推杯换盏的杯，体量虽然不大，却也不失大雅风范。

陕西历史博物馆收藏有一件双耳青铜杯，1965年出土于陕西省西安市长安区的张家坡青铜窖藏。杯高14厘米，口径8.5厘米，微微有些束腰，在腰部铸有一道箍，如同女性穿裙子时所系的腰带一样（见图6-4-2），属于西周中期的器物。该杯身的两侧有对称镂空的双耳，高过杯口表面，就像一对小鸟的翅膀，构思十分巧妙，造型极为特殊。虽然是一件酒器，却不失为精品佳作。

图6-4-2 双耳青铜杯（陕西省西安市长安区张家坡青铜窖藏）

另外，在福建博物院同样收藏有一件青铜双耳酒杯。2007年出土于福建省蒲城县仙阳镇管九村土墩墓，是西周早期的青铜器（见图6-4-3）。酒杯造型极具特色，酒杯表明呈青绿泛白，直腹平底，镂空的附耳如同一对飞翔的双翼，高过杯口的表面，并且饰有兽面纹。小鸟的翅膀被巧妙地整合在酒杯上，

---

[1] 孙文：《建国方略》，武汉出版社2011年版，第7页。

图 6-4-3　青铜双耳杯（福建省蒲城县仙阳镇管九村土墩墓出土）

大有飘飘欲仙乘风归去的感觉。

福建省青铜双耳酒杯是分范浇注而成，显现出高超的铸造水平。2007 年福建省蒲城县管九村土墩墓的考古发掘共出土各类文物 200 多件，其中不同器型的青铜器 72 件，是福建省一次性出土青铜器最多的一次，填补了福建省土墩墓的空白，被评为 2006 年全国十大考古发现。

两件青铜双耳酒杯分别出土于黄土高原和八闽大地，时间虽然略有先后，文化内涵却有着明显的学习和借鉴关系，再一次证明中华民族之间的文化交流完全不受时间和空间的制约。

二、奇思妙想的工艺

人与动物的最大区别关键就在于创造，青铜器的设计者与铸造者，为了满足主人的精神需求和感官刺激以及身份体现等等，不遗余力大胆创新改革。他们不拘一格的构思，奇思妙想的工艺，至今仍然熠熠生辉，足以令后人高山仰止。

在一批又一批的经典器物当中，有关龙和虎的造型一直是人们关注的对象。龙是天上的神灵，呼风唤雨，来无踪去无影，又是帝王的象征。虎是百兽之王，是地下动物的老大，一个天上一个地下，它们能在一起吗？答案是肯定的，不但在一起，而且还是强强联合。中国国家博物馆收藏的龙虎纹青铜尊，就见证了这一奇迹。

1957年6月的一天，晴空万里，安徽省阜南县常庙乡的一位农民在月儿河边捕鱼，网撒下去好大一会，开始收网。奇怪的是这一网非常沉重，不像一般的小鱼。将网拉上来一看，竟然是一些青铜器。当时这位农民也没当回事，放在仓库里，根本不知道捞出了国之瑰宝。后来被安徽省博物馆知道，派考古专家前往了解，于是国宝龙虎纹青铜尊闪亮登场。

龙虎纹青铜尊，铸造于商代晚期，尊高50.5厘米，口径44.9厘米，足径24厘米，重26.2千克。圆体侈口，鼓腹，高圈足（见图6-4-4）。尊体上饰有三条蟠龙，龙首探出，双眼怒目，生有双角，颇有腾云出海之势。另饰有三组老虎食人纹，虎口含有一人，阴森恐怖神秘莫测，使参观者望而生畏。足部饰有饕餮纹，以强化神秘之感。龙虎纹青铜尊造型厚重朴拙，做工繁缛精美，现为中国国家博物馆五大镇馆国宝之一，排序第三，是当之无愧的国家珍宝。

图6-4-4 龙虎纹青铜尊及细部（安徽省阜南县出土）

该青铜尊除了龙以外，还有老虎吃人的纹饰。表现出天上地下唯我独尊的心态，也就是老子天下第一。何等的残忍，多么的霸道。面对此尊，其主人究竟是谁已经不重要了，重要的是它作为青铜艺术品的巅峰之作，彰显出中华文明的源远流长和无与伦比的博大精深。

匪夷所思的构想表现在青铜器设计的方方面面，有些今天看来可能不值得一提，然而，在古代却是一项了不起的发明，尽管很不起眼。例如在湖北省荆州博物馆有一件战国时期的青铜器，称之为"折足鼎"（见图6-4-5），盖器合一，双耳环钮，完整无缺，出土于荆州市的黄山墓地。其鼎足部分的发明创造却使观看者无不交口称赞。

图6-4-5　折足鼎及细部（湖北省荆州市黄山墓出土）

关于折足鼎，许多人认为没什么了不起，只是一件普普通通的青铜鼎，假如不仔细观看根本发现不了什么特别之处。只有认真观察才发现此鼎的足部要远远高出同时代的青铜鼎，不仅细长，而且像内八字朝里弯曲，大有足被折断的感觉。为什么要设计成这样呢？精彩的发明正在这里。

原来铸造者为了增加实用的多功能，就在鼎足的中间特意设计成可以折叠的两个部分，中间有一个可以开合的扣。折足虽然是小小的发明，但使用功能却大大加强。需要吃热食的时候，就将大鼎的足合起来，使下边的空间增大，方便放置炭火，而且鼎的底部确有当年火烧过的痕迹，其烟炱赫然在目。外出时，则可以将鼎的足分开，以减少高度，方便携带。大家知道青铜虽然具有硬度高、熔点低的优点，却很容易折断。所以，青铜鼎的足往往都比较结实，而"折足鼎"的奇妙之处正在这里。

三、不可复制的辉煌

镶嵌艺术是人类对美的一种认识，是美化生活的具体表现。镶嵌工艺的镶，就是将物体贴在另外一物体的表面，嵌，则是将物体夹在另外一物体的中间。一件器物本来平平淡淡并不起眼，但是，经过镶嵌工艺的处理之后，其品质完全可上升至更高层次，如现在人们喜爱的意大利镶嵌钻石的戒指、项链等高档精美的首饰。

1984年发现的夏朝镶嵌绿松石兽面青铜牌饰，是河南省偃师市二里头半个世纪以来最重要的发现之一（见图6-4-6）。该牌饰长约16.5厘米，宽8—12厘米，造型为当时流行的兽面，并且镶嵌有数百片绿松石。具体操作方法是在铸造时用的模具上按照设计需要，预先留下供二次加工用的槽，然后一次铸造成形。在青铜器上开槽就是为镶嵌做准备，类似于今天镶嵌工艺中的槽镶、卡镶，至于镶嵌何种材料则另当别论。

河南省偃师市二里头发现的青铜牌饰镶嵌物是绿松石，绿松石又称土耳其玉，古代主要来源于西亚地区，中国的湖北省亦有出产。绿松石是中国古人非常喜欢的美石之一，并且多用作装饰和配饰、挂件，以及动物造型的小饰品上。早在距今8000年左右的河南省贾湖遗址中就出土了精美的绿松石串饰。

河南省偃师市二里头发现的镶嵌绿松石兽面青铜牌饰，其精美的图案，独特的造型，尤其是巧夺天工的镶嵌工艺，极具视觉冲击

图6-4-6 镶嵌绿松石兽面铜牌饰
（河南省偃师市二里头出土）

力，令所有观看者无不拍案称奇流连忘返。

目前，二里头一共发现了3件镶嵌绿松石兽面青铜牌饰，而实际上有4件，另有一件在今天甘肃省的天水市博物馆（见图6-4-7）。同属于夏朝二里头的青铜牌饰，如此珍贵的牌饰是怎么来到甘肃省天水市的呢？从河南偃师的二里头到甘肃省的天水市，直线距离大约650多公里。我们想象，在没有现代化交通设施的古代，它通过某种方式历经辗转，或是向西方展示王权，或是为交流，不得而知。

图6-4-7 镶嵌绿松石兽面铜牌饰
（甘肃省天水市博物馆藏）

河南省偃师市二里头在发现镶嵌绿松石青铜器之前，在宫殿遗址区就已经发现了绿松石加工作坊。人们猜想一定会有相关器物的发现，果然苍天不负有心人，1984年镶嵌绿松石兽面青铜牌饰的发现，可以说是圆了一个许久的梦。更为重要的是，过去一般认为中国的镶嵌工艺成熟于春秋战国时期，二里头发现的镶嵌青铜方钺和牌饰，至少已有4000年左右的历史，它有力地推翻以前的说法，将中国镶嵌工艺的时间向前提了1000多年。

至于牌饰的用途，根据其精美的程度以及颇具神秘的感觉推测，很有可能与"巫"有关，或许与玉琮一样有与神交流、乃至沟通天地的作用。

镶嵌绿松石兽面青铜牌饰的文化内涵，丝毫不亚于当今世界奥运会的金牌，因为至今没有人能够完全解释清楚。

在计算机智能化的今天，任何人都相信我们人类的智慧已经达到了一个相当高的阶段，肯定不会怀疑我们的智商。即便如此，面对一些出土的青铜器我们还是有些茫然不知所措。安徽省博物院现藏一件叫作"五柱器"的青铜器（见图6-4-8），人们至今还不知道它的确切名称以及功能和用途。

五柱器出土于1959年3月的安徽省屯溪市（今黄山市屯溪区）的西郊弈棋1号墓。器分五柱和器身两部分，柱高16.5厘米，方座长20厘米，宽21.5厘米，重5.25千克，饰云纹，属于春秋时期的青铜器物。

五柱器的造型极为罕见，有点类似于今天的路由器。至于其功能究竟是什么，叫什么名称，是乐器，还是祭祀的神器，由于历史上没有

图6-4-8　五柱器（安徽省屯溪市西郊出土）

记载，也不见前人著录，60年来也没有研究出结果。当年赫赫有名的郭沫若先生虽曾经仔细琢磨，依然没有结论。不过，从五柱器的造型上看，倒是与现在家庭使用的路由器十分相近。

如果说五柱器无人知道其名称与用途的话，那么，铸有煌煌152字铭文的不其簋则有另外一番景象。不其簋是传世的秦国青铜器中年代最早的一件，也是最早反映西部古民族的珍贵资料，制作于周宣王十二年（公元前816年）（见图6-4-9），是西周晚期的器物。

不其簋铸有152字的铭文记载了当时西方的猃狁反王室，周王派伯氏与秦庄公不其一道反击。伯氏与不其追戎于"西"，获得胜利，伯氏回宗周向王献俘，命令不其率领兵车继续追击。不其遵命指挥兵车追戎于"罟"，几经搏杀后多有斩获，受到表彰。铭文记载"不其，驭方猃狁广伐西俞，王命我羞追于西。余归来

图6-4-9　不其簋（中国国家博物馆藏）

献擒,余命汝御追于畧,汝以我车宕伐狁犹于高陶,汝多折首执讯"①。这段记载讲的是发生在公元前816年在宗周西方陇山西侧秦人领地上与西戎的战争经历。起因是周王室内乱,失去对周边的控制,创造了西部诸戎全面向关中推进的契机,不其作战的地区,在今甘肃东部渭水流域的天水市以及与天水市交壤的西汉水流域的礼县东北、西和县东北一带。不其簋的神奇之处就在于簋的盖和身是分开出土的,并且还不在一个地方。

不其簋的盖早年出土于陕西省,现藏中国国家博物馆。而簋身却是在山东省滕县(滕州市的旧称,现属枣庄市)城郊后荆沟村的一座残墓里由农民发现的,时间在1980年,现藏滕州市博物馆。滕州不其簋的簋身上铸有相同的文字,仅仅比盖少了一个"方"字,堪称离奇。滕州是古代滕国所在地,这里曾经出土了不少带滕字的青铜器,如滕公簋、滕公鬲、滕侯鼎、滕侯敦等等,颇有影响。

实际上,有不少珍贵的器物都是在不经意间发现的,即所谓可遇不可求。例如,在2003年1月19日,陕西省宝鸡市眉县杨家村的五位农民无意之中发现了一批极为珍贵的青铜器,而且是27件,件件有铭文,震惊了海内外。其中有一件叫作逨盘的青铜器意义特别重大。

逨盘高20.5厘米,口径53.4厘米,腹深9.8厘米,重18.5千克,圈足,饰窃曲纹,现藏于陕西省宝鸡青铜器博物院(见图6-4-10)。盘内底铸有铭文21行362字,是中华人民共和国成立以来发现的西周时期青铜器中铭文最长的一件。

最珍贵之处是逨盘铭文记录了从周文王开始,到武王、成王、康王、昭王、穆王、共王、懿王、孝王、夷王、厉王和宣王,凡十二位周王,完整地记录了西周王室的世系②,与司马迁《史记》的记载完全相同,第一次印证了西周的

---

① 徐日辉:《秦器不其簋铭文中有关地域的考辨》,载《历史地理》第十八辑,上海人民出版社2002年版。
② 霍彦儒、辛怡华主编:《商周金文编——宝鸡出土青铜器铭文集成》,三秦出版社2009年版,第505页。

图 6-4-10　逨盘及铭文（陕西省宝鸡市眉县杨家村出土）

历史，同时也验证了夏商周断代工程，真正是弥足珍贵。

现代考古学的兴起，以及一大批地下文物的面世，打破了以书论书的传统格局，使二重证法真正用于科学研究之中。近几十年来人文科学的突飞猛进，尤其是考古事业的飞速发展，特别近几十年来的考古发现，足以对疑古派的一些观点进行修正，使过去一些被认为不可能的事情变成现实，一大批所谓的"伪书""神话"变成了实实在在的历史。我们虽然不能苛求前贤，但是，作为学术研究，当与时俱进地不断深入，这是社会赋予我们的历史责任。

从距今4000年前的镶嵌绿松石兽面青铜牌饰，到不知名的五柱器，以及验证历史的不其簋和逨盘等等，面对青铜器留给我们的厚重遗产，面对绚丽多彩的青铜文化，我们只能说：历史不可复制，辉煌同样不可复制。今天只能为明天的辉煌积淀，过去的只能属于过去。

后 记

《会说话的青铜器》一书几经修改,终于付梓,特别是经策划编辑吴素莲编审的拨冗修正,现由华中科技大学出版社出版发行,接受社会的检验,更希望得到批评和指正。

人类对铜的使用,最早是自然铜。青铜是铜加锡的合金,是人工冶炼出来的合金铜,青铜具有硬度高、熔点低的优点,所以广泛应用于生产生活当中。

青铜铸造是目前人类最伟大的发明之一,与陶器、对火应用的不同之处就在于青铜器不仅仅丰富了人们的日常生活,而且极大地提升了生产力水平,是文明古国至关重要的必经历程。

青铜器是人类真正跨入文明时代的标志,如两河流域文明、尼罗河流域文明、印度河恒河文明、爱琴海文明等都经历过这一阶段,特别是伊朗南部、土耳其、美索不达米亚一带,大约在距今7000年前已开始使用青铜器,最早可达到距今8000年以上。

中国的青铜器最早发现于距今5000年前的西北地区,是以甘肃省东乡县林家马家窑文化遗址中出土的中国第一把青铜刀为代表,包括青海省同德县宗日遗址出土的铜刀在内,有力地印证了中华文明5000年的传统说法。

马家窑文化是1923年由瑞典学者安特生首次发现于甘肃省临洮县马家窑

村而得名,亦称甘肃仰韶文化。马家窑文化的年代,大约为距今5800~4000年之间,前后延续约1800多年。马家窑文化是西北地区特有的一种文化,覆盖整个黄河上游的甘肃省、青海省,以及宁夏回族自治区等广大地区,其延续的齐家文化正是夏文化的源头。

青铜属于金、木、水、火、土五行之中的金,亦称"吉金"。五行是中国人最熟悉的五种元素和对自然世界的朴素认识,在光辉灿烂的中华文化当中独树一帜,五行与八卦配伍大体上构成了古代中国人的思维定式,并且一直影响到今天乃至周边地区。

源远流长的五行学说与西北的青铜器密不可分,金代表着西方(西北地区)。《说文解字》称:"金,西方之行。"汉朝的《白虎通》亦称:"金在西方。"作为金属,"金"可以加工生产资料和生活资料,而且西方最早出现青铜器。

五行当中西方主秋,秋天,亦称金秋,是庄稼成熟的季节,直到今天仍美之曰金秋时节。"春种一粒粟,秋收万颗子。"《鹖冠子·泰鸿篇》称:"以金割物。"就是用金属工具收割庄稼,在铁器出现之前,青铜器是先进的秋收工具。

"金"不单单只是金属的一种,而且关系到国计民生和社会发展,正因为如此,西方之"金"的意义不仅仅在于科学技术方面,更重要的是文化方面的认识,尤其对中国哲学上阴阳五行学说的形成有着极为重要的影响。

过去,一提到文明、提到青铜器,首先想到的是中原地区。事实上中国地域辽阔,历史悠久,文化绵长,在青铜文化发展的历史过程中,西北地区却是领头羊而独领风骚。

从世界文明发展的进程看,每一个国家,每一个地区,每一个民族,都有着自己的文化及其判别标准,只要是客观地建立在已知的物质文化基础之上,中国的青铜文化必然会得到合理的解释。

当我们面对源远流长的中国文化包括青铜文化,你是否意识到今天的我和你都没有亲身参与其中,骄傲也不属于个人,假如你不觉得汗颜的话,那么就静下来,理一理思路,所谓骄傲只能是后人评价我们的今天,包括我们已评价的既往。

面对大千世界，人生只是时光加减的过程，要在良心的基础上奉献；作为世间的主体，人唯一的特权是享受过程、品味升华、警示来者。

为了撰写本书，我曾专门乘飞机到辽宁省博物馆、内蒙古博物院、河北博物院、山东博物馆、山西博物院、安徽博物院、福建博物院、贵州省博物馆、湖北省博物馆、荆州博物馆考察，对原来的部分资料做了更新和补充，虽然辛苦却收获颇丰。

一年一度，寒来暑往，无论是难熬的酷暑还是阴冷的三九天，我的妻子祁爱云女士与我相互鼓励，虽苦犹乐，在操持我们全部家务和参与学校大量活动的同时，又分担了本书的打字工作，并提出不少好的修改意见，作为相夫教子的贤妻良母，理当感谢。

在书稿《会说话的青铜器》交付之际，小儿徐锦博正在南开大学读历史学博士，作为第一位读者，从历史学的角度对本书提出了一些很好的建议，身为人父，权当鼓励。

本书的出版，得到了华中科技大学出版社的热情支持，在此谨致谢意。

特别感谢编辑吴素莲编审，感谢她为本书的出版所付出的辛勤劳动，使之增色不少，在本书出版之际，深表谢忱。

子在川上曰，逝者如斯夫。每次写后记，总感觉有点意犹未尽，恋恋不舍；回头一想，这不正是历史吗？该翻篇就让它翻篇吧。

还是以前著作中的一句老话，感谢所有关心和支持我的师长、朋友和同仁们！

岁月如流，不舍昼夜。

徐日辉谨记
于浙江工商大学半痴斋
2019 年 12 月 12 日